Nouhoum DIALLO

# LE BUDGE[illegible] I



*Analyse économique du budget*
*dans la perspective de l'intégration sous régionale*

**L'Harmattan**
5-7, rue de l'École-Polytechnique ; 75005 Paris
FRANCE

**L'Harmattan Hongrie**
Könyvesbolt
Kossuth L. u. 14-16
1053 Budapest

**Espace L'Harmattan Kinshasa**
Fac. des Sc. Sociales, Pol. et
Adm. ; BP243, KIN XI
Université de Kinshasa – RDC

**L'Harmattan Italia**
Via Degli Artisti, 15
10124 Torino
ITALIE

**L'Harmattan Burkina Faso**
1200 logements villa 96
12B2260
Ouagadougou 12

www.librairieharmattan.com
diffusion.harmattan@wanadoo.fr
harmattan1@wanadoo.fr


ISBN : 2-7475-9929-9
EAN : 9782747599290

**Etudes Africaines**

*Collection dirigée par Denis Pryen*

**Déjà parus**

Jean-Claude BERTHÉLEMY et Abdoullah COULIBALY (sous la dir.), *Culture et développement en Afrique*, 2006.

Huenumadji AFAN, *L'évangile Chaka*, 2006.

Kengne FODOUOP, *Le marché de la friperie vestimentaire au Cameroun*, 2005

Fortunatus RUDAKEMWA, *L'évangélisation du Rwanda*, 2005.

Mamadou SECK, *Les scandales politiques sous la présidence de Abdoulaye Wade*, 2005.

Révérend Francis Michel MBADINGA, *Les Église du réveil fac à la crise de l'État en Afrique*, 2005.

René-Pierre ANOUMA, *Aux origines de la nation ivoirienne*, 2005.

Dominique BANGOURA (sous la direction de), *Quel avenir pour les jeunes de Guinée ?*, 2005.

Mubangi Bet'ukany GILBERT,*Système social et stratégies d'acteurs en Afrique*, 2005.

Boniface GBAYA ZIRI, *Problèmes de regroupement des villages bété (Côte d'Ivoire)*, 2005.

Auguste TENE-KOYZOA, *Histoire économique et politique du Centrafrique au XXème siècle*, 2005.

Augustin Germain MOSSO ATEBA, *« Mémoire blessée » et « Eglise du peuple », enjeu de la seconde évangélisation de l'Afrique noire*, 2005.

Jean MPISI, *Le cardinal Malula et Jean-Paul II. Dialogue entre l'Église « africaine » et le Saint-Siège*, 2005.

Timothée NGAKOUTOU, *Les limites de la démocratie subsaharienne*, 2005.

Gabriel MADZOU, *Le pouvoir ethnique en Afrique*, 2005.

Alhassane CHERIF, *L'importance de la parole chez les Manding de Guinée*, 2005.

M. A. BARRY, *Le contrôle du commerce des armes en Afrique : utopie ou réalité ?*, 2005.

A. TSHIBILONDI NGOYI, *Enjeux de l'éducation de la femme en Afrique. Cas des femmes congolaises du Kasaï*, 2005.

www.librairieharmattan.com
diffusion.harmattan@wanadoo.fr
harmattan1@wanadoo.fr


ISBN : 2-7475-9929-9
EAN : 9782747599290

**Etudes Africaines**
*Collection dirigée par Denis Pryen*

**Déjà parus**

Jean-Claude BERTHÉLEMY et Abdoullah COULIBALY (sous la dir.), *Culture et développement en Afrique*, 2006.
Huenumadji AFAN, *L'évangile Chaka*, 2006.
Kengne FODOUOP, *Le marché de la friperie vestimentaire au Cameroun*, 2005
Fortunatus RUDAKEMWA, *L'évangélisation du Rwanda,* 2005.
Mamadou SECK, *Les scandales politiques sous la présidence de Abdoulaye Wade*, 2005.
Révérend Francis Michel MBADINGA, *Les Église du réveil fac à la crise de l'État en Afrique*, 2005.
René-Pierre ANOUMA, *Aux origines de la nation ivoirienne*, 2005.
Dominique BANGOURA (sous la direction de), *Quel avenir pour les jeunes de Guinée ?*, 2005.
Mubangi Bet'ukany GILBERT,*Système social et stratégies d'acteurs en Afrique*, 2005.
Boniface GBAYA ZIRI, *Problèmes de regroupement des villages bété (Côte d'Ivoire)*, 2005.
Auguste TENE-KOYZOA, *Histoire économique et politique du Centrafrique au XX$^{ème}$ siècle*, 2005.
Augustin Germain MOSSO ATEBA, *« Mémoire blessée » et « Eglise du peuple », enjeu de la seconde évangélisation de l'Afrique noire*, 2005.
Jean MPISI, *Le cardinal Malula et Jean-Paul II. Dialogue entre l'Église « africaine » et le Saint-Siège*, 2005.
Timothée NGAKOUTOU, *Les limites de la démocratie subsaharienne*, 2005.
Gabriel MADZOU, *Le pouvoir ethnique en Afrique*, 2005.
Alhassane CHERIF, *L'importance de la parole chez les Manding de Guinée*, 2005.
M. A. BARRY, *Le contrôle du commerce des armes en Afrique : utopie ou réalité ?*, 2005.
A. TSHIBILONDI NGOYI, *Enjeux de l'éducation de la femme en Afrique. Cas des femmes congolaises du Kasaï*, 2005.

# AVANT-PROPOS

Ce livre est le développement de mon mémoire de fin de cycle soutenu à l'Ecole nationale d'administration du Mali. L'idée de son écriture m'a été suggérée par un de mes professeurs qui m'a invité à engager une étude plus complète et plus approfondie du budget de l'Etat malien, au-delà des seules dépenses publiques que couvrait le thème de mon mémoire, ensuite par les encouragements de certains collègues.

Plutôt que d'énoncer de façon académique des règles de droit budgétaire, mon abord du sujet se veut concret en collant l'analyse des faits au vécu de la politique budgétaire malienne, de la fixation des objectifs à l'évaluation des résultats.

J'ai souhaité que ce livre soit accessible au plus grand nombre de lecteurs. Il s'adresse aux étudiants, aux pouvoirs publics et, d'une manière générale, à tous ceux qui s'intéressent aux finances publiques.

L'étudiant y trouvera les références essentielles à la théorie des finances publiques nécessaires à la compréhension et à l'analyse des opérations budgétaires ainsi que les principaux textes législatifs et réglementaires régissant le budget de l'Etat. L'économiste aura la présentation sur une longue période des données économiques et financières relatives à l'économie malienne ; les pouvoirs publics, enfin, y trouveront la matière pour l'élaboration d'une politique économique et sociale.

L'étude prospective de l'économie malienne nous conduit à aborder les défis auxquels devront faire face les autorités du pays dans un proche avenir, ainsi que les voies éventuelles de l'action publique.

Les données sur l'économie malienne sont généralement parcellaires. Et l'inexistence de service d'archivage dans les administrations est notoire. Il manque de publication unique traitant de façon exhaustive les statistiques économiques et financières relatives à l'économie du pays. Dans ces conditions, la collecte de l'information même la plus courante devient fastidieuse dans des administrations où la transparence n'est pas la règle. Cependant, certains agents ont surmonté la méfiance légendaire au sein des services publics à communiquer l'information, et ils n'ont point hésité à me livrer des données qui ont été fort utiles à mon travail. Je tiens à exprimer mes sincères remerciements à ces personnes anonymes ainsi qu'à tous ceux qui m'ont apporté quelque assistance à la rédaction ou à la publication de ce livre.

Sans engager leur responsabilité dans le travail qui est le mien, j'adresse une reconnaissance particulière à M. Zan Coulibaly, Inspecteur du Trésor, qui a bien voulu mettre à ma disposition des documents rares que les recherches menées dans le cadre de cette publication ont permis de mettre au goût du jour ; à M. Nouhoum Sangaré, Economiste, qui a bien voulu me livrer son avis critique sur le chapitre traitant de la politique budgétaire du Mali. J'adresse ma profonde gratitude à M. Ibrahima MBouillé Fofana, Economiste, pour la disponibilité sans réserve qu'il a manifestée à soutenir mon projet. Je lui suis reconnaissant pour ses suggestions qui ont orienté mes recherches ainsi que pour son assistance à l'amélioration du style rédactionnel de l'ouvrage.

# INTRODUCTION

Depuis les années d'indépendance les diverses politiques économiques menées par les pouvoirs publics ont considérablement affecté les finances de l'Etat malien. Le système d'organisation économique et social de l'époque était le socialisme, marqué par la prépondérance de l'Etat dans l'activité économique à travers les entreprises publiques. L'incapacité de ce secteur à secréter des revenus pour financer les investissements publics et pour honorer le service de la dette publique extérieure provoquera très tôt des déséquilibres macroéconomiques sérieux.

Une première crise de paiements extérieurs surviendra dès 1964, crise dont la recherche de solution conduira le gouvernement du Mali à engager des négociations avec ses partenaires, notamment la France et le Fonds Monétaire International. Sur l'engagement des autorités à entreprendre des réformes économiques, les négociations se concluront par un accord de confirmation avec le Fonds Monétaire International en 1964 – déjà !- et, en 1967, par un accord d'assistance avec la France visant la garantie de la convertibilité du franc malien. Mais le retard dans la mise en œuvre de mesures convenues prolongera la profonde apathie qui paralysait l'activité économique.

Et depuis, le Mali ne connaîtra pas une situation véritablement meilleure avant le début de la décennie 90, avec les résultats de la maturation progressive des réformes économique et financière engagées durant les années 80.

En janvier 1994 le Mali, avec sept autres Etats de la sous région, amorce un processus d'intégration économique au sein de l'Union Economique et Monétaire Ouest Africaine –UEMOA-. Des objectifs de convergence économique sont fixés et l'agenda de leur réalisation couvrant une période transitoire de trois années qui s'achèvera au 31 décembre 2002 est élaboré. Au terme de cette période l'ensemble des pays devront satisfaire aux critères édictés en vue de conférer à leur économie une situation de stabilité macroéconomique.

L'examen des comptes publics du Mali se fondera principalement sur les documents de l'exécution budgétaire qui seront refondus et présentés suivant les normes standard de présentation, de manière à en tirer des grandeurs significatives permettant une comparaison au niveau international avec les statistiques d'autres pays. Il portera sur l'évaluation objective des statistiques d'autres pays. Il portera sur l'évaluation objective des actions engagées par les autorités ainsi que sur l'appréciation des résultats obtenus. Les données ainsi reconstituées seront analysées à l'aune des normes des critères de convergence de l'UEMOA, en vue d'apprécier la *«qualification»* du Mali à la phase de stabilité projetée au 1^er^ janvier 2003.

Par le passé, le Mali a connu plusieurs fois des changements de monnaie ou des dévaluations monétaires dont les effets sur les indicateurs macroéconomiques et sur l'appréciation de ceux-ci risquent de susciter des polémiques vaines. Donc par souci de cohérence dans les comparaisons, les valeurs des agrégats seront uniformément en Cfa. Cependant l'établissement de constantes ou de quelques faits historiques conduira à des exposés remontant aux périodes antérieures à 1984, année de l'instauration définitive du franc Cfa.

Ce livre comporte cinq parties :

-la présentation qui décrit les aspects juridiques du budget malien ;

-l'étude des recettes publiques;

-l'examen des dépenses de l'Etat;

-l'analyse de la politique budgétaire du Mali qui s'attache à présenter les justifications de l'intervention de l'Etat, les *« instruments »* utilisés pour atteindre les objectifs poursuivis ainsi que les résultats de ces interventions ;

-l'analyse de l'endettement public.

# PREMIERE PARTIE

▼

# LE BUDGET DE L'ETAT : ASPECTS JURIDIQUES ET PRESENTATION

## I – ASPECTS JURIDIQUES

Le budget est l'ensemble des comptes qui décrivent, pour une année civile, l'ensemble des ressources et des charges permanentes de l'Etat. Le budget est voté par le parlement et adopté sous le vocable de loi de finances.

Les opérations budgétaires sont régies par la Loi n° 96-60 du 04 novembre 1996. Celle-ci définit les lois de finances comme celles qui « déterminent la nature, le montant et l'affectation des ressources et des charges de l'Etat, compte tenu de l'équilibre financier et des objectifs économiques et sociaux à atteindre dans le cadre de la politique générale préalablement définie par le gouvernement.»

Le budget de l'Etat comporte des implications permettant son examen sous plusieurs aspects :

-un aspect juridique énonçant les principes budgétaires, les lois, règles et procédures régissant les opérations budgétaires;

-un aspect économique et financier qui marque la place de l'Etat en tant qu'acteur de l'activité économique ;

-un aspect politique qui traduit la mise en œuvre du programme économique, social et culturel du gouvernement.

Le processus budgétaire est un acte important de la vie publique. Il conditionne les moyens de la politique économique et sociale du pouvoir. Il s'étend sur trois phases : la préparation du projet de budget, le vote de la loi de finances, l'exécution du budget. En conséquence, l'on distingue trois lois de finances -art. 2, Loi n° 96-60- :

- la loi de finances de l'année ou budget. C'est celle votée par l'Assemblée nationale à sa session ordinaire précédant la période budgétaire -généralement au mois de décembre-, qui prévoit pour l'année civile les recettes et autorise les dépenses de l'Etat ;

- les lois de finances rectificatives ou collectifs budgétaires. Ce sont celles votées en cours d'année sur l'initiative du gouvernement pour autoriser les modifications des dispositions de la loi de finances initiale relatives aux plafonds de crédits de dépenses ou au solde du budget, ceci en fonction des variations de la conjoncture économique ou des changements majeurs d'orientation de la politique des pouvoirs publics. Le collectif budgétaire se tient généralement au second semestre de l'année pour régulariser les changements d'affectation de crédits ou pour procéder aux annulations ou aux ouvertures de crédits nouveaux;

- la loi de règlement, qui constate le budget tel qu'il a été exécuté après ajustement des prévisions aux réalisations. Le projet de loi de règlement est soumis à l'approbation de l'Assemblée nationale avant la fin de l'année qui suit l'exécution du budget.

### 1– La loi de finances initiale

Le budget de l'Etat est préparé par le ministre des Finances sous l'autorité du premier ministre. L'artisan de sa confection est la direction nationale du Budget qui doit normalement se fonder sur des études prospectives à court et à moyen terme permettant de mettre en phase les choix budgétaires avec l'environnement économique, de manière à conférer aux données une certaine objectivité.

L'élaboration du budget suit des étapes successives. Le premier ministre, dans une note circulaire appelée *lettre de cadrage* adressée aux départements ministériels, expose les conditions d'exécution du budget de l'année courante et donne des indications par rapport au prochain budget, en tenant compte des perspectives de recettes liées à l'évolution probable de l'économie et des objectifs du gouvernement pour la prochaine année.

Suit l'élaboration des prévisions de dépenses par les différents départements ministériels. Toutes les prévisions seront centralisées au niveau de la direction du Budget. Des réunions dites conférences budgétaires réunissent les responsables financiers des ministères dépensiers et ceux du Budget pour débattre de leurs diverses propositions budgétaires. Après les ultimes arbitrages et au regard des instructions du chef du gouvernement, le ministre des Finances soumet à l'approbation du Gouvernement le projet de budget -les prévisions de recettes ainsi que les demandes d'autorisation des dépenses- qui seront examinées et approuvées en Conseil des ministres.

Le gouvernement dépose le projet de loi des finances sur le bureau de l'Assemblée nationale qui l'examine, d'abord en sa partie ressources, puis les charges.

Le projet de loi est accompagné :

- d'un rapport définissant les conditions de l'équilibre financier du budget proposé, le résultat d'exécution de la loi de finances de l'année précédente, le résultat d'exécution au

30 juin de la loi de finances de l'année en cours et les perspectives pour l'année suivante ;

- des annexes explicatives destinées à fournir le maximum d'informations aux élus de la nation. Ces annexes contiennent l'échelonnement sur les années futures des paiements résultant des autorisations de programmes, la liste des comptes spéciaux, les dépenses inscrites au budget d'investissement etc.

A la suite du débat parlementaire, le projet de loi est voté dans les conditions fixées aux articles 46 à 49 de la Loi n° 96-60. Une fois approuvée et votée par l'organe législatif, la loi de finances sera promulguée par le président de la République et publiée au journal officiel. Et le ministre des Finances prend trimestriellement un arrêté d'ouverture des crédits autorisant l'utilisation des crédits par les services bénéficiaires.

Du point de son élaboration, le budget du Mali est construit sans technique particulière. Seulement au milieu des années 80, les programmes de stabilisation ont introduit sa confection sur la base des résultats de l'exécution de l'exercice antérieur. Ceci par prudence, pour conférer un certain réalisme aux estimations de recettes et aux prévisions de dépenses.

Jusqu'en 2001 le budget de l'Etat était élaboré sur la base de la méthode des services votés qui sont « le minimum de dotation que le Gouvernement juge indispensable pour poursuivre l'exécution des missions des services publics dans les conditions qui ont été approuvées l'année précédente...» -Art. 42, Loi 60/60-.

### 1-1 Les services votés

Les prévisions globales sont élaborées à partir du résultat de l'exécution budgétaire de l'année précédente à laquelle sont ajoutées les mesures nouvelles -celles qui représentent des inscriptions nouvelles du fait des rectifications ou des révisions pour cause de réforme ou d'engagement majeur de l'Etat-, déduction faite des opérations exceptionnelles de l'année écoulée, notamment les opérations non reconductibles.

Les services votés sont la traduction financière de la volonté du gouvernement d'assurer la continuité des actions des services publics par leur dotation en ressources. A cet égard la préparation du budget assure aux services publics les moyens de leur fonctionnement par la reconduction des crédits alloués, souvent sans rapport avec des objectifs bien spécifiés ou avec des résultats.

Depuis 2003 le budget est élaboré suivant la méthode du budget de programmes, approche nouvelle qui tient compte des impératifs d'utilité collective et de rentabilité. Les dépenses seront présentées sous la forme de budget de programmes pour permettre aux parlementaires d'apprécier pour chaque département, service ou établissement le coût des interventions et leur efficacité.

L'expérimentation de la méthode, qui a commencé avec les budgets de 2003 à 2005, avancera suivant une programmation financière glissante selon laquelle le budget d'une année sera élaboré en tenant compte de l'évolution des programmes déjà engagés.

Aujourd'hui le but recherché dans l'intervention publique d'une manière générale est l'efficacité dans le cadre de la lutte contre la pauvreté qui est au centre des objectifs de l'action gouvernementale. Le programme gouvernemental du genre recommande de pouvoir apprécier les actions des pouvoirs publics qui ambitionnent le développement des ressources humaines grâce au renforcement de l'accès des populations aux services sociaux élémentaires, au développement des infrastructures ainsi qu'à la modernisation des services publics et à la promotion de la bonne gouvernance. Les résultats des interventions publiques en termes d'augmentation de la production -agriculture ou élevage-, d'amélioration de la santé des populations, de scolarisation ou d'alphabétisation sont soumis à évaluation afin d'apprécier l'efficacité des programmes des services et des départements de tutelle.

### 1-2 Le budget de programmes

Au cours de la décennie 80 aux Etats-Unis d'Amérique, la recherche de l'efficience dans les interventions publiques a conduit le parlement à subordonner l'allocation des ressources publiques à la réalisation des objectifs assignés dans le cadre d'un programme d'action des départements ministériels. Ainsi, sur la base d'un programme d'action, chaque département ministériel reçoit les ressources nécessaires à la réalisation de son programme. C'est la méthode du budget de programmes. Il est établi par service et il contient les éléments visant :

-à déterminer l'ensemble des activités administratives et de production des services ;

-à fixer les objectifs poursuivis par ces activités à moyen terme ;

-l'évaluation des moyens requis pour leur réalisation ;

-la définition d'indicateurs, au besoin chiffrés, permettant de comparer les réalisations aux objectifs fixés;

-la mesure de l'impact des interventions publiques.

Le budget de programmes s'inscrit dans une perspective pluriannuelle de façon à permettre l'exécution des programmes des services inscrits sur le moyen terme. L'extension de l'horizon budgétaire sur le moyen terme – en moyenne trois ans - suivant une *programmation annuelle glissante* dégage le temps nécessaire à l'aboutissement d'un programme économique et social.

Par ailleurs l'assouplissement des rigidités de procédure dans l'exécution des dépenses grâce à l'octroi d'une plus grande liberté d'action aux ordonnateurs des services de base, plus qualifiés que les hiérarchies supérieures à définir leurs propres programmes d'actions et à les exécuter, rend du coup ceux-ci responsables des résultats de leur gestion dont ils répondent.

La lecture des premiers documents élaborés dans le cadre des budgets de programmes malien laisse apparaître quelques faiblesses.

La première faiblesse est l'imprécision des objectifs et leur quasi-similitude avec les « *indicateurs de résultats* ». Ce qui ne permet pas de juger véritablement de l'efficacité des dépenses alors que les objectifs de l'action gouvernementale visant la lutte contre la pauvreté ainsi que des programmes spécifiques de santé publique ou d'éducation offrent des critères tangibles d'appréciation des interventions publiques. Sinon l'absence de véritables indicateurs de résultats empêcherait les ajustements dans l'allocation de ressources aux services publics suivant leurs résultats, et viderait la méthode de sa substance -la quête d'efficacité- en la réduisant à un budget de moyens.

La seconde faiblesse réside dans la gestion du processus. Cela s'entend le cadre -structurel et réglementaire- d'évaluation des actions et de sanction. Quelle autorité sera investie de la responsabilité du pilotage de la mise en oeuvre de la phase initiale de la méthode, de l'appréciation des résultats des programmes des services ainsi que de l'arbitrage des décisions? L'inexistence actuelle d'un tel cadre posera très bientôt la question de l'appréciation des résultats des programmes déjà engagés ainsi que de leur financement.

Certes le budget de programme est une méthode nouvelle au Mali. Et les insuffisances constatées au début de son application sont minimes et elles peuvent encore être corrigées dans un délai court par la formation et l'acquisition de l'expérience qu'amène la pratique par les responsables des différents départements ministériels ainsi que des organismes publics inscrits au budget de l'Etat. L'ensemble des acteurs du processus doit adopter une approche pragmatique dans la détermination des indicateurs de résultat en commençant par l'évaluation ciblée des programmes publics dans des domaines où les résultats sont concrets et quantifiables. Puis au fil du temps, l'évaluation des interventions publiques devra s'affiner et s'étendre progressivement à d'autres programmes -justice, sécurité etc.

Dans cet ordre d'idées, les budgets futurs devront s'atteler à :

- établir des indicateurs de résultat si possible chiffrés dans des domaines clés comme l'éducation, la santé, ou pour les branches de la production telles que l'agriculture et l'élevage afin d'apprécier réellement l'efficacité de l'intervention publique ;

- procéder à l'évaluation périodique de la méthode en cours, et en tirer les enseignements pour la finalisation des futurs programmes;

- identifier et définir les attributions de l'organe en charge de l'appréciation des programmes d'action des services ; organe qui, en fonction de critères d'appréciation, pourrait formuler à l'attention des autorités les mesures correctrices ou l'alternative à un programme précis. Dans cette optique, le passage de la méthode du budget de moyen au budget de programmes devra s'accompagner d'une vision nouvelle du contrôle budgétaire, en évoluant du contrôle à posteriori en cours vers l'appréciation de l'action publique basée sur l'efficacité de la dépense.

### 2- Présentation du budget

L'adhésion du Mali au système de diffusion de données du F.M.I. ainsi que l'harmonisation nécessaire des textes suite à l'intégration économique au sein de l'U.E.M.O.A.- ont conduit depuis 2000 à la modification de la présentation des documents budgétaires afin de permettre aux utilisateurs de cerner la situation financière des pays et d'établir, au gré des analogies, les comparaisons utiles entre les informations fournies des jeux d'états financiers fournis par les Etats de l'Union ou des états d'un même pays produits à des dates différentes.

Les recettes seront classées suivant l'assiette et les dépenses par destination –services- ou par nature, suivant la classification préconisée par la Directive 04/98/CM UEMOA du 22 décembre 1998.

### 2-1 Présentation administrative du budget

La présentation administrative du budget obéit au tableau institutionnel. Le tableau institutionnel décrit le champ couvert par les entités des administrations publiques. Il regroupe l'ensemble des organes d'exécution de l'Etat émargeant au budget. Le champ des administrations publiques varie au rythme des changements institutionnels, en conséquence les éléments du tableau évoluent au gré de la création et de la suppression des services publics ou de l'évolution de leur statut.

La présentation administrative des dépenses est la présentation par services bénéficiant de dotation budgétaire. Chaque département y est identifié par un *Code fonctionnel* -C.F- et les démembrements des services centraux sont identifiés par *Unité fonctionnelle* -U.F-. La Loi 86/102 AN-RM du 27 février 1987 régissant la nomenclature budgétaire consacre la codification des ministères et services. Elle classe les dépenses au sein des services centraux par section. Au sein des sections les dépenses se répartissent par titre en dépenses de fonctionnement, dépenses de transfert et dépenses d'investissement.

### 2-2 Le budget par nature

Les dépenses du budget sont également classées et codifiées par nature. Les crédits alloués aux départements ministériels et aux autres institutions sont exécutés par chapitres budgétaires suivant le principe de la spécialité de la dépense.

Suivant leur nature les dépenses sont regroupées en trois grandes catégories : les dépenses de fonctionnement, transferts, dépenses d'investissement. Les dépenses de fonctionnement comprennent les dépenses de personnel et les dépenses de matériel correspondant aux achats de biens et services. Les transferts comprennent les contributions payées par l'Etat, les subventions diverses, les bourses ainsi que les indemnités non liées à une activité salariale. Les dépenses d'investissement ou dépenses en capital correspondent à des acquisitions de biens durables à des fins de production.

La classification des dépenses par nature suivant la nomenclature budgétaire du Mali est la suivante :

| **Chapitres.** | **Nature de la dépense.** |
|---|---|
| 01 à 09 | Dépenses de charges communes |
| *01* | *Personnel* |
| *02* | *Matériel* |
| *03* | *Indemnités de déplacement* |
| *04* | *Entretien bâtiments* |
| *05* | *Contributions* |
| *06* | *Subventions diverses.* |
| *07* | *Secours* |
| *08* | *Reversements et ristournes* |
| *09* | *Dette* |
| 11 | Dépenses de personnel |
| 12 | Dépenses de matériel |
| 13 | Indemnités de déplacement |
| 14 | Energie et Communication |
| 16 | Frais de transport |
| 18 | Entretien bâtiments et frais de |
| 19 | location |
| 24 | Autres dépenses |
| 26 | Bourses scolaires |
| 31 | Transferts |
| | Dépenses en capital |

### 3 – La nomenclature budgétaire communautaire

La Directive n° 04/98/CM/UEMOA définit la nomenclature budgétaire de l'Etat de façon plus détaillée et plus précise que la nomenclature budgétaire en cours au Mali. Pour les recettes, elle établit une classification par nature, et pour les dépenses une classification par service, une classification par nature ainsi qu'une classification fonctionnelle. Elle établit rigoureusement les opérations par nature et par destination de manière à répondre au besoin de suivi des politiques économiques des pays, mais elle laisse aux Etats membres la latitude d'étendre la codification suivant leurs impératifs propres.

### 3-1 Classification des recettes

Le regroupement des recettes est inspiré de la classification des recettes du Manuel de Statistiques des Finances publiques du Fonds Monétaire International[1]. Il inclue les dons et les emprunts publics afin de cerner l'ensemble des ressources de l'Etat. Le tableau D de la Directive n° 04/98/ classe les ressources du budget en recettes fiscales, recettes non fiscales, transferts reçus, recettes en capital, dons et recettes exceptionnelles.

L'harmonisation du cadre comptable dans les pays de l'Union a rendu indispensable la revue de la nomenclature budgétaire du Mali. Outre l'exigence de se prêter à la surveillance multilatérale, la transposition de la nomenclature budgétaire communautaire intègre la nécessité de l'identification des programmes et l'exigence de la traçabilité du financement des opérations, qui ont nécessité une codification plus poussée des rubriques.

Les recettes sont classées selon leur nature, par titre et par article. Le titre 0 regroupe les recettes du budget général -budget national, budget régional, budget spécial d'investissement-, le titre 7 regroupe les budgets annexes ainsi que les comptes et les fonds spéciaux. L'article -à deux chiffres- désigne la catégorie de la recette. Elle se subdivise en paragraphe, ligne, colonne.

Les ressources sont classées comme suit :

| **Titre** | **Article** | **Intitulé** |
|---|---|---|
| 0 | 12 | Dons projets et legs |
| 0 | 14 | Emissions de bons du Trésor |
| 0 | 15 | Tirages sur emprunts |
| 0 | 16 | Emprunts programmes |
| 0 | 17 | Autres emprunts |

[1] Il s'agit du Manuel SFP de 1986 et non du nouveau manuel de 2001 du FMI qui n'est pas encore disponible.

| | | |
|---|---|---|
| 0 | 21 | Immobilisations incorporelles |
| 0 | 22 | Sols et sous-sols |
| 0 | 23 | Immeubles |
| 0 | 24 | Matériel et mobilier |
| 0 | 25 | Equipements militaires |
| 0 | 26 | Cessions des participations |
| 7 | 29 | Remboursement des prêts et avances |
| 0 | 71 | Recettes fiscales |
| 0 | 72 | Recettes non fiscales |
| 0 | 73 | Transferts reçus d'autres budgets |
| 0 | 74 | Dons programmes |
| 0 | 76 | Recettes exceptionnelles |

### 3-2 Classification des dépenses

Trois types de classifications des dépenses sont retenues : la classification par destination – c'est-à-dire par services-, la classification par nature et la classification fonctionnelle.

Le tableau A de la directive de classification des dépenses par destination retient les ministères ou les institutions comme premier niveau de codification, puis les services ou groupes de services comme second niveau de codification. Les dépenses par destination sont classées sur au moins deux niveaux par section et par chapitre. La section désigne l'institution de tutelle et le chapitre désigne le service bénéficiaire des crédits. La classification principale par destination du budget malien est la suivante :

| **Codes** | **Classification des dépenses** |
|---|---|
| **1** | Services de souveraineté |
| **2** | Défense, ordre et sécurité |
| **3** | Administration générale et financière |
| **4** | Enseignement, formation et recherche |
| **5** | Culture, sports et loisirs |
| **6** | Santé et action sociale |
| **7** | Administration et développement des infrastructures |
| **8** | Production et commerce |
| **9** | Autres services |

La classification fonctionnelle qui regroupe les dépenses du budget suivant les objectifs ou les fonctions déterminées, constitue une source essentielle d'analyse des dépenses publiques.

Quant à la classification des dépenses par nature, elle fait l'objet d'une harmonisation avancée. Les rubriques sont codifiées de façon détaillée et il est établi une concordance de la nomenclature budgétaire de l'Etat avec la nomenclature comptable qui est la transcription des opérations budgétaires. La directive retient le titre, l'article, le paragraphe et la ligne. La codification des articles et des paragraphes recoupe la nomenclature comptable au niveau des deux premiers caractères.

Le regroupement des dépenses par source de financement ou par programme permet l'identification du financement -externe ou interne- aux fins d'un meilleur suivi de l'exécution des budgets suivant les moyens alloués.

### 4- Base d'enregistrement des données

Les opérations de recettes et de dépenses du budget sont enregistrées suivant la règle du droit constaté. Cette règle obéit au principe comptable qui consiste à constater un produit dès qu'il est réalisé, c'est-à-dire dans l'exercice où son fait générateur – ce qui rend l'impôt exigible- est établit et lorsque la mesure et le recouvrement de la contrepartie sont raisonnablement sûrs. Les recettes seront enregistrées sur la base des émissions plutôt que sur celle des encaissements. S'agissant des dépenses, elle implique que celles-ci soient comptabilisées à la livraison – lorsque la dette est naît- et non sur la base des paiements. La conséquence de la règle du droit constaté est qu'il s'écoule un délai entre le moment de l'émission et le moment de l'encaissement d'une part, et entre le moment de l'ordonnancement de la dépense et celui du paiement par le comptable d'autre part. Par conséquent, le solde des opérations budgétaires sur la base des droits constatés diffèrera du solde financier qui sera évalué après les différentes opérations d'ajustement.

### 5– Structure du budget

Le Budget de l'Etat contient toutes les ressources à l'exception des opérations de trésorerie ainsi que toutes les dépenses de l'Etat. Il couvre le budget national, le budget régional

-à l'exclusion des budgets des Communes- et les comptes des budgets annexes.

Il ressort du tableau 1-1 que l'essentiel du budget d'Etat est constitué du budget national : plus de 98% des recettes et environ 97% des dépenses en 2000. Les budgets annexes sont la seconde composante en recettes mais la troisième en ce qui concerne les dépenses. Les comptes spéciaux et les composantes du budget régional suivent dans des ordres différents.

**<u>Tableau n° 1-1</u> Les grandes masses du budget**
*(En milliards de F Cfa)*

| **Désignation** | **2000** | | | |
|---|---|---|---|---|
| | **Recettes** | | **Dépenses** | |
| | **Cfa** | **%** | **Cfa** | **%** |
| **Budget général** | **265,4** | ***100*** | **274,0** | ***100*** |
| Budget national | 262,7 | *98,9* | 264,8 | *96,6* |
| Budget régional | 0,2 | *0,1* | 7,5 | *2,7* |
| Comptes spéciaux | 2,5 | *1,0* | 1,7 | *0,7* |

Les « *budgets annexes* » sont les services de l'Etat non dotés de la personnalité morale qui produisent des biens marchands. Leurs recettes comprennent les produits de leur exploitation ainsi que les subventions reçues pour couvrir des dépenses d'investissement ou d'autres charges courantes. L'équilibre des comptes est la règle pour les budgets annexes. Les excédents d'exploitation sont pris comme réserves en recettes au budget général et les pertes d'exploitation éventuelles sont couvertes par les réserves du budget concerné.

Pendant longtemps les budgets annexes ont évolué dans une autonomie quasi-totale par rapport au Budget de l'Etat et au Trésor public. Certains services disposaient des ressources considérables alors que le Trésor public connaissait des difficultés de trésorerie considérables. Au milieu des années 80, cette difficulté financière amènera les autorités à réaliser l'unité trésorerie de l'ensemble des administrations de l'Etat en incorporant les comptes des organismes publics au budget national. Dans le sillage des réformes du secteur public, il s'en est suivi une vaste entreprise de restructuration des *budgets annexes* dont le statut et les objectifs ont été redéfinis en vue de les rendre plus efficaces.

## II- L'EXECUTION DU BUDGET

La Loi 96-060 en vigueur au Mali consacre les principes budgétaires universels : l'unité, l'annualité, l'universalité et la spécialité du budget.

*L'unité du budget*. Le budget de l'Etat est présenté sous la forme d'un document unique qui constitue « *l'ensemble des comptes qui décrivent pour une année civile, l'ensemble des ressources et des charges de l'Etat.* » -Art. 22, Loi 96-060-.

*L'annualité*. L'autorisation de percevoir les recettes et de payer les dépenses est accordée pour une « *année civile* ». « *L'année financière commence le 1er janvier et s'achève le 31 décembre de la même année.* » -Art. 24, Loi 96-060-.

*L'universalité* ou la règle du produit brut. « *Il est fait recette du montant intégral des produits, sans contraction des recettes et des dépenses. L'ensemble des recettes assurant l'exécution de l'ensemble des dépenses ...* » -art. 23, Loi 96-060-.

*La spécialité*. Les crédits ouverts « *sont spécialisés par chapitre* » -art 10, Loi 96-060-.

La mise en œuvre du budget de l'Etat implique divers intervenants dont les attributions respectives, les responsabilités ainsi que les limites de celles-ci sont définies par la loi. Ces acteurs, les agents de l'Etat chargés du recouvrement des recettes ou du paiement des dépenses, sont les ordonnateurs et les comptables publics. Les deux fonctions sont incompatibles -art 7, Loi 96-061- afin de préserver l'intérêt général dans le maniement des deniers publics.

Toutefois, la séparation des compétences qui prévaut surtout en matière de dépenses publiques connaît quelque dérogation au plan du recouvrement des recettes. Si dans le premier cas l'ordonnateur d'une dépense n'en est pas le payeur, dans le second cas l'émetteur d'un ordre de recette peut bien en être le receveur. Au cours de la dernière décennie, pour des raisons d'efficacité en matière de recouvrement des recettes publiques, une reforme au plan universel des administrations financières a favorisé la compatibilité des deux fonctions. La réforme visait l'amélioration du rendement de l'impôt au regard des règles de commodité et d'économie de perception, par la simplification des procédures et à la réduction du nombre d'interlocuteurs du contribuable ainsi que le recouvrement de l'impôt au moindre coût. A cette fin, les fonctions d'ordonnateur et de comptable seront cumulées par le service des Impôts qui assurera l'ordonnancement et le recouvrement de la plupart des recettes fiscales.

### 1- Les acteurs

***Les ordonnateurs :*** L'ordonnateur est l'agent chargé de prescrire à l'exécution des recettes et des dépenses de l'Etat et des organismes publics dans les conditions réglementaires prescrites par la loi -art. 9 de la loi 96-061-. Il engage à cet effet la responsabilité de l'Etat.

Il existe un ordonnateur principal du budget et des ordonnateurs délégués. L'ordonnateur principal du budget de l'Etat et des budgets annexes est le ministre des Finances. A ce titre il apparaît comme le gardien des deniers publics et le garant de la régularité de leur emploi. Comme conseiller financier du gouvernement le ministre des Finances occupe une place centrale dans la mise en œuvre de la politique gouvernementale, de même qu'il a l'œil sur les activités de ses autres collègues à cause de l'incidence financière de leurs actions qui influe sur les résultats d'exécution du budget.

***Les comptables :*** Le comptable est l'agent chargé de la perception des recettes et de l'acquittement des dépenses publiques, de la conservation des fonds publics, des titres, des créances et des valeurs appartenant à l'Etat ainsi que de la tenue de la comptabilité publique.

### 2- Les opérations de recettes et de dépenses

Le budget de l'Etat s'exécute en recettes et en dépenses. L'exécution comporte une phase administrative et une phase comptable.

***- La phase administrative.*** Au cours de cette phase, les opérations sont prescrites et réalisées, et la dette ou la créance de l'Etat évaluée.

La phase administrative comprend pour les opérations de recette la liquidation de la créance et l'établissement du titre de perception, mais elle exclut la perception matérielle des deniers. Pour les dépenses elle comprend l'engagement, la liquidation et l'ordonnancement.

- ***La phase comptable*** est celle du règlement. En recette, l'opération se traduit par l'encaissement de la créance, et en dépense, par le paiement de la dette.

❑ ***Les recettes :*** Les recettes budgétaires sont recouvrées par voie de rôles ou par liquidation directe.

En ce qui concerne les recettes sur rôles, la matière imposable fait l'objet d'un recensement fiscal préalable par les services des Impôts en vue de déterminer l'assiette de l'impôt dont le montant est calculé et porté sur des états appelés rôles -la liste des impôts dus par contribuable-. Une fois que les rôles sont homologués, un arrêté du ministre des Finances les rend exécutoires. Et sur la base de cet acte le service en charge du recouvrement, après prise en charge des rôles dans ses livres, procède au recouvrement.

Quant à la liquidation directe -désignée également droits au comptant-, elle est recouvrée directement sans émission préalable de rôle sur la base de leur fait générateur. Les droits au comptant font l'objet d'une régularisation ultérieure après le recouvrement. Les droits perçus à l'importation, les amandes et les condamnations sont des droits perçus directement.

❑ ***Les dépenses :*** La loi des finances accorde aux services publics et aux organes d'exécution l'autorisation d'effectuer des dépenses à concurrence du montant des crédits budgétaires alloués. Le ministre des Finances, périodiquement, prend un acte appelé *Arrêté d'ouverture de crédits* autorisant les services à effectuer les dépenses au titre de l'année.

La procédure de la dépense suit un cheminement de l'ordonnateur au comptable payeur. Ce sont les phases de l'engagement, de la liquidation, de l'ordonnancement et du paiement.

- *L'engagement:* C'est l'acte par lequel l'autorité crée une dépense ou constate à son encontre une obligation de laquelle résultera une charge. L'engagement rend l'Etat débiteur d'une dette qui sera payée dans la limite des crédits budgétaires alloués à un service.

- *La liquidation:* Elle consiste en la vérification de la réalité de la dette et à l'évaluation du montant de la dépense.

- *L'ordonnancement:* Dernière étape de la phase administrative, il consiste à établir un titre de paiement par le service bénéficiaire qui certifie que la livraison a été faite, et donne ordre au comptable public de payer le créancier.

• *Le paiement:* C'est la phase comptable de règlement de la dette par le comptable public. Celui-ci effectue les vérifications de forme et de fonds sur la validité générale du titre de paiement avant le règlement du créancier.

### 3– Le contrôle du budget

Les opérations budgétaires sont soumises à trois niveaux de contrôle, à savoir le contrôle administratif, le contrôle juridictionnel et le contrôle parlementaire - Loi 96-061, art.38 à 43-. Le premier contrôle est généralement *a priori*, il est opéré à titre préventif. Les autres sont *a posteriori*, il sont accomplis à titre de vérification.

*Le contrôle administratif* sur les opérations budgétaires est permanent. Il est accompli à chaque étape du circuit sous la forme de contrôle hiérarchique au sein de la structure elle-même ou de contrôle administratif par un autre service impliqué comme le Contrôle Financier ou le Trésor, ou par un corps de contrôle spécialisé tel que l'Inspection générale des finances.

Le contrôle financier est exercé au niveau central par le contrôleur des dépenses engagées ou par les délégués régionaux du Contrôle financier. Il vérifie la régularité des dépenses avant l'engagement par les ordonnateurs et s'assure de la régularité des ordres de paiements.

Le contrôle des comptables du Trésor est relatif à la vérification, avant le paiement, de la régularité des ordres de dépense et de la disponibilité des crédits.

L'Inspection générale des finances et le Contrôle générale des services publics sont des corps de contrôle *a posteriori* qui dépendent respectivement du ministre des Finances et du premier ministre. Ils procèdent aux contrôles sur place et sur pièces des comptes des services publics ou de tout organisme recevant des fonds publics.

*Le contrôle juridictionnel* du budget relève de la Section des Comptes de la Cour Suprême. Cette dernière a compétence à juger les comptes des organismes publics -services publics, communes, organismes publics personnalisés- et de toute personne physique ou morale bénéficiant du concours financier de l'Etat. Elle vérifie la régularité au fonds et dans la forme des documents produits par les organismes et personnes concernés.

Après vérification, les magistrats de la Section des Comptes attestent de la conformité des comptes administratifs produits par les ordonnateurs avec les comptes des comptables publics. La Cour déclare le comptable « quitte » et rend un arrêt définitif de quitus lorsque les comptes produits sont réguliers. Le cas échéant, elle peut enjoindre au comptable de produire les justifications ou toutes explications sur les opérations engageant sa responsabilité. Si satisfaction n'est pas donnée à cette requête, la Cour rend un arrêt de mise en débet qui engage la responsabilité personnelle et pécuniaire du comptable.

*Le contrôle parlementaire.* L'autorité du Parlement s'exerce en amont par le vote de la loi de finances qui autorise les prélèvements par l'Etat des impôts et taxes sur les contribuables ainsi que leur utilisation. Le Parlement vérifie en aval le bon usage des ressources par les services bénéficiaires. Il exerce un contrôle sur le budget dont le gouvernement rend compte de l'exécution avec toutes les modifications subies par rapport à la loi de finances initiale. Il bénéficie à cet effet de l'assistance de la Section des comptes de la Cour Suprême. A la fin de la procédure, le parlement vote la loi de règlement qui clôt définitivement le budget de l'année concernée.

# DEUXIEME PARTIE

# LES RECETTES DU BUDGET

Les recettes publiques sont constituées de l'ensemble des prélèvements non remboursables, avec ou sans contrepartie, autres que les dons et les emprunts, opérés par les administrations publiques sur les agents économiques. Elles sont perçues par prélèvement sous forme d'impôt sur le revenu ou sous forme de taxes diverses grevant la consommation.

La notion de ressource est plus large que celle de la recette. Les ressources comprennent tous les revenus assurant à l'Etat le financement de sa politique. Elles incluent outre les prélèvements obligatoires, les emprunts contractés par l'Etat ainsi que les dons reçus. Une comparaison du tableau de l'annexe n°1 avec l'exécution budgétaire en sa partie ressources montre un écart correspondant aux recettes des comptes spéciaux du Trésor ou aux ressources provenant d'emprunts, et destinées au financement du budget spécial d'investissement ou du gap du budget.

La présentation et l'analyse détaillée des ressources de l'Etat au regard du Décret n° 03/163 bute sur la question de la comptabilisation des opérations relatives à la dette extérieure du pays. En effet, le produit des emprunts fait l'objet d'une simple communication statistique de la Direction de la Dette Publique, en dehors de tout enregistrement comptable des flux d'entrée des ressources d'emprunt. Seul le paiement du service de la dette est dûment comptabilisé par le Trésor. A défaut de la transcription de l'ensemble de ces opérations dans les Comptes du Trésor, donc la possibilité de vérifier les données statistiques, la rigueur dans la compilation des données et l'objective nous commande de limiter l'analyse des ressources du budget d'Etat aux recettes et aux dons.

## I- PRESENTATION

Les ressources inscrites au budget de l'Etat sont énumérées à l'article 5 de la Loi 96-60 :

« Les ressources de l'Etat comprennent :

-les impôts et taxes ;

-le produit des amendes ;

-les rémunérations des services rendus, redevances, fonds de concours, dons et legs ;

-les revenus du domaine et des participations financières ainsi que la part de l'Etat dans les bénéfices des entreprises nationales ;

-le remboursement des prêts et avances ;

-les recettes diverses, accidentelles ou exceptionnelles. »

La Directive n° 05/97/CM /UEMOA relative aux lois de finances reprend la même composition des ressources. Le niveau des ressources de l'Etat est retracé au graphique n° 2-1.

La présentation par nature et suivant l'assiette du Manuel de Statistiques de Finances Publiques du FMI classe les recettes en recettes courantes, en recettes en capital et en dons. Les recettes courantes comprennent les recettes fiscales et non fiscales.

### 1- Les recettes fiscales

Les recettes fiscales correspondent à des prélèvements obligatoires, sans contrepartie directe, opérés par les administrations publiques en vue de la couverture des charges publiques. Elles sont classées en sept catégories :

1- Impôts sur le revenu et les bénéfices nets. Ils comprennent les impôts perçus sur le revenu net effectif ou forfaitaire des personnes physiques et morales. Cette catégorie comprend l'impôt sur le revenu de la propriété et l'impôt sur la propriété immobilière qui sont perçus dans le cadre de l'impôt sur le revenu.

2- Cotisation de sécurité sociale. Elle comprend tous les paiements obligatoires effectués par les personnes assurées ou leurs employeurs à des institutions qui fournissent des prestations. Sont classées sous cette rubrique les cotisations payées par les employés et les employeurs aux caisses de sécurité sociale.

3- Taxe sur les salaires. Cette taxe constitue l'impôt sur la main-d'œuvre à la charge de l'employeur. Elle comprend tous les prélèvements frappant les employeurs et perçus soit en pourcentage de tout ou partie des salaires, par personne employée, soit un montant fixe par personne employée, et qui ne sont pas affectés aux dépenses de sécurité sociale.

4- Impôts sur la propriété. Ce poste comprend les impôts frappant l'utilisation ou la propriété de biens mobiliers ou immobiliers, perçus généralement à intervalles réguliers. Il comprend les impôts perçus sur la base de la valeur locative, sur les mutations de titre de propriété, sur l'actif net ou sur les impôts perçus à titre exceptionnel. Sont classés sous cette rubrique l'impôt foncier sur les bâtiments, l'impôt sur les biens de main morte, l'impôt sur la valeur nette des valeurs mobilières et titres divers de portefeuille. Il comprend également les droits de succession et de conservation foncière, les droits d'enregistrement ainsi que les droits payés sur les contrats d'assurance et la taxe sur le bétail.

5- Taxes sur les biens et services. Les taxes sur les biens et services couvrent tous les droits perçus sur la production, la vente, le transfert, la location et la livraison de biens et la prestation de services. Ce sont les taxes générales sur les ventes, la taxe sur la valeur ajoutée, les taxes uniques ou cumulatives, les taxes sur les produits déterminés ainsi que les impôts périodiques frappant les véhicules à moteur et autres biens.

6- Impôts sur le commerce international. Cette rubrique comprend tous les prélèvements perçus sur les biens à l'entrée du pays ou à destination de l'étranger ; ce sont l'ensemble des droits perçus à des fins budgétaires ou de protection, qu'il s'agisse de droits spécifiques ou ad valorem, les prélèvements sur les bénéfices des organisations de commerce international, les bénéfices de change et les opérations de change etc.

7- Autres recettes fiscales. Le poste des autres recettes fiscales comprend les prélèvements effectués sur une ou plusieurs bases différentes de celles qui sont indiquées aux postes ci-dessus ou sur une base ne pouvant être considérée comme étant essentiellement la même que l'une de celles afférentes à ces groupes. Il comprend l'impôt de capitation, les droits de timbres ainsi que les impôts non spécifiés.

### 2- Les recettes non fiscales

Les recettes non fiscales sont l'ensemble des recettes correspondant à des paiements non obligatoires perçus à des fins d'utilité publique et, par conséquent, ne tombant pas dans les catégories correspondant aux recettes fiscales.

8- Excédent d'exploitation des unités de production marchande. Cette rubrique enregistre les recettes nettes encaissées par les administrations publiques, recettes provenant de l'exploitation d'entreprises publiques non financières propriété de l'Etat et/ou sous son contrôle, qui vendent des biens et services sur une grande échelle.

**Graphique n°2-1. Ressources budgétaires** *(En milliards de francs)*

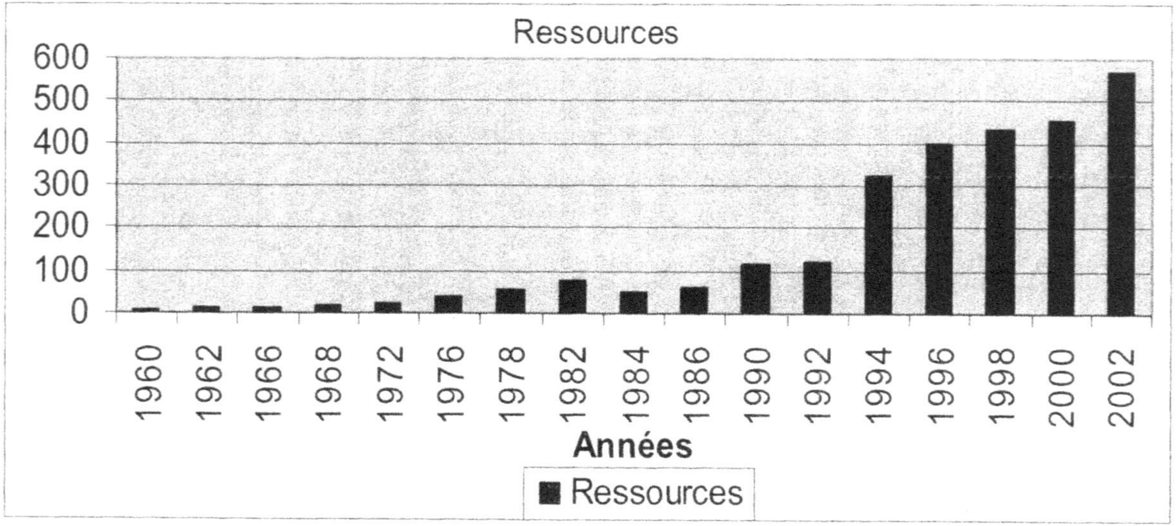

9- Revenu de la propriété. Sont enregistrés dans cette catégorie tous les revenus des administrations provenant de la propriété d'entreprises, d'actifs financiers ou d'actifs incorporels appartenant aux administrations, qu'il s'agisse de dividendes, d'intérêts, de loyers ou de redevances. Elle couvre le total des recettes nettes encaissées par les administrations publiques provenant de l'activité industrielle ou commerciale d'entreprises qui sont propriété de l'Etat ou qu'il contrôle.

10- Droits, frais administratifs et ventes non industrielles. Ils enregistrent, sur une base brute, les droits et frais administratifs au titre des biens et services qui n'ont pas un caractère industriel. Il s'agit, en règle générale, de droits perçus pour des services à caractère réglementaire tels que les licences, les permis, les droits administratifs, les ventes de biens accessoires aux activités.

11- Amendes et confiscations. Elles sont constituées des amendes, confiscations et autres pénalités qui ne sont pas attribuables aux infractions se rapportant à un impôt particulier.

12- Cotisations aux caisses de retraite des fonctionnaires de l'administration d'Etat. Cette rubrique enregistre le produit des cotisations versées par les fonctionnaires et autres employés du secteur public pour le financement de leur système d'assurance et de retraite.

13- Autres recettes non fiscales. Elles comprennent les recettes non fiscales qui ne tombent dans aucune des catégories énumérées.

### 3– Les recettes en capital

Ce sont celles provenant de la vente de biens de capital, des cessions de valeurs corporelle et incorporelle, propriété de l'Etat, de brevets et droits d'exploitation ainsi que de la vente de stocks de produits ayant un caractère stratégique.

14- Vente de bien de capital fixe. Ce poste enregistre la valeur des ventes de biens de capital fixe tels que les mines, les plantations de forêt, les immeubles bâtis, les équipements, le matériel de transport etc.

15- Vente de stock. Elle comprend la valeur des ventes de stock de matières stratégiques ou de stocks régulateurs de céréales.

**Tableau n° 2-1. Tableau récapitulatif des recettes et dons (*)**

*(En milliards de F Cfa)*

| Tableau des recettes | 1988 | 1990 | 1992 | 1994 | 1996 | 1998 | 2000 | 2002 |
|---|---|---|---|---|---|---|---|---|
| **I Total des recettes et dons** | **57,7** | **76,8** | **122,0** | **219,1** | **268,8** | **261,7** | **309,3** | **436** |
| **II Total des recettes** | **57,7** | **76,8** | **87,8** | **126,2** | **196,6** | **236,5** | **263,6** | **354** |
| **III Recettes courantes** | **57,7** | **73,5** | **87,2** | **124,4** | **193,5** | **235,0** | **245,6** | **348** |
| | | | | | | | | |
| **IV Recettes fiscales** | **47,7** | **66,7** | **82,8** | **117,3** | **185,9** | **225,6** | **236,3** | **339** |
| 1- Impôt /Revenus. Bénéf. Gains Cap. | 8,7 | 13,2 | 12,7 | 25,1 | 37,7 | 41,4 | 39,4 | 54,6 |
| 2- Cotisation de sécurité sociale. | - | - | - | - | - | - | - | - |
| 3- Salaires main-d'œuvre, Employeur | 1,4 | 1,7 | 2,2 | 2,7 | 3,7 | 4,6 | 4,7 | 6,4 |
| 4- Impôt sur propriétés | 2,2 | 3,6 | 3,6 | 5,8 | 11,1 | 8,6 | 14,0 | 27,2 |
| 5- Taxes sur biens et services | 19,4 | 31,4 | 36,3 | 45,2 | 77,6 | 97,6 | 125,7 | 175 |
| 6- Commerce international | 9,3 | 8,7 | 18,7 | 25,4 | 42,4 | 60,4 | 42,6 | 64 |
| 7- Autres recettes fiscales | 6,7 | 8,1 | 9,3 | 13,1 | 13,4 | 13,0 | 9,9 | 12,1 |
| | | | | | | | | |
| **V Recettes non fiscales** | **10,0** | **6,8** | **4,4** | **7,1** | **7,6** | **9,4** | **9,3** | **8,6** |
| 8- Excédent d'exploitation des U.P.M | - | - | - | - | - | - | - | - |
| 9- Revenus de la propriété | 0,1 | 0,4 | 0,3 | 0,3 | 1,7 | 1,7 | 1,9 | 1,5 |
| 10- Droits, frais administratifs - Ventes | 3,8 | 1,4 | 2,1 | 2,1 | 2,8 | 2,4 | 3,1 | 5,2 |

| | | | | | | | | |
|---|---|---|---|---|---|---|---|---|
| 11-Amendes et confiscations | 0,7 | 0,5 | 0,2 | 0,2 | 0,3 | 0,3 | 0,4 | 0,2 |
| 12- Cotisation Caisse retenue des A.P. | - | - | - | - | - | - | - | - |
| 13- Autres recettes non fiscales | 5,4 | 4,9 | 1,8 | 4,6 | 2,5 | 14,1 | 3,9 | 1,7 |
| | | | | | | | | |
| **VI <u>Recettes en capital</u>** | **-** | **3,3** | **0,6** | **1,8** | **3,1** | **1,5** | **18,0** | **6,3** |
| 14- Ventes bien et cap. fixe | - | 3,3 | 0,6 | 1,8 | 3,1 | 1,5 | 1,8 | 6,3 |
| 16- Vente terrains et actifs incorporels | - | - | - | - | - | - | 16,2 | - |
| | | | | | | | | |
| **VIII <u>Dons</u>** | **-** | **-** | **34,2** | **92,9** | **72,2** | **25,2** | **45,7** | **81,3** |
| 17- Etranger. | - | - | 34,2 | 92,9 | 72,2 | 25,2 | 45,7 | 81,3 |

(*) Voir le détail des rubriques à l'annexe n°1

### 4- Les dons

Les dons correspondent à des recettes sans contrepartie, non obligatoires et non remboursables, versées par d'autres administrations, pays ou institutions internationales. Ils peuvent se présenter sous forme de subventions budgétaires, de sommes données pour des projets ou des programmes particuliers, de réparation ou autre.

Les dons peuvent être des dons courants ou des dons en capital. Dans le premier cas ils servent à financer des dépenses courantes c'est-à-dire à couvrir des objectifs généraux ou indéterminés, dans le second cas ils couvrent les dépenses en capital.

Les programmes de stabilisation budgétaire engagés par le gouvernement malien au cours des années quatre-vingt comportaient en plus de la restructuration des dépenses publiques, la réforme de la fiscalité. Ils ont été renforcés en 1987 le Programme de Réforme Economique pour le Développement *(PRED)* mené avec l'assistance technique et le concours financier du gouvernement américain dont les objectifs étaient:

-la modernisation du système de traitement des opérations budgétaires ;

-la modernisation de la fiscalité malienne par la simplification du mode d'imposition ainsi que l'allègement des taux d'imposition pour favoriser l'investissement et la modernisation des entreprises et assurer à l'Etat des rentrées budgétaires plus stables.

A cette fin, l'introduction de la TVA, la révision des taux d'imposition et l'instauration de l'impôt synthétique ont contribué à l'accroissement considérable du volume des recettes budgétaires durant la décennie 90, comme le montrera l'étude des recettes dans les chapitres suivants.

## II- STRUCTURE ET EVOLUTION DES RECETTES

La structure et le volume des recettes budgétaires sont des indicateurs importants permettant d'apprécier la politique fiscale d'un pays. Ils déterminent la pression fiscale dont le niveau participe de la politique économique du pays.

### 1-Structure des recettes

La structure des recettes reflète les proportions entre les différentes catégories d'impôts. Le tableau 2-3 indique une certaine stabilité dans la structure des recettes depuis 1992. Les recettes fiscales ont constamment constitué la majeure partie des recettes. Leur part évoluera de 83% des recettes totales en 1988 à 95% en 1996 et en 1998. En 2000, elle tombe à 90% des recettes totales, pour ensuite atteindre un sommet à 96% en 2002.

L'élément essentiel des recettes fiscales est la taxe perçue sur les biens et services dont la taxe sur la valeur ajoutée -TVA.- est l'élément essentiel. Le montant de la taxe sur les affaires et services a quintuplé en dix ans, passant de 19,4 milliards en 1988 à 98,9 milliards en 1998, puis à 125,7 milliards en 2000. A 175 milliards de francs Cfa en 2002, la taxe sur la valeur ajoutée constitue 76% des taxes sur les biens et les services et 39% des recettes fiscales.

Le gros de la taxe sur les biens et services est recouvré au cordon douanier. Elle repose principalement sur les droits acquittés à l'importation. La perception de ces droits ainsi que la TVA sur les produits importés ont fait des droits de porte le premier poste de recettes du budget avec un apport global aux recettes de 53% contre 47% à la fiscalité intérieure.

Les droits et taxes perçus sur le commerce international comprennent les droits à l'importation et les droits à l'exportation. Ces derniers ont été presque entièrement supprimés afin de favoriser l'exportation des produits maliens. Ils ne sont plus perçus que sur l'exportation de l'or. Quant aux droits d'importation qui était de 8,6 milliards de F Cfa en 1988 ils s'élèveront à 59,8 en 2002. Dune manière générale la part des droits de porte dans les recettes va croissant. En 2003 l'objectif de recettes assigné aux services de douanes est d'environ 200 milliards, soit 47% du total des recettes.

Cependant la prépondérance des recettes douanières dans le budget présente l'inconvénient majeur d'asseoir l'essentiel des ressources publiques sur des ressources extérieures, donc incertaines, au risque d'exposer l'ensemble des finances publiques aux fluctuations du commerce extérieur. Certes le Mali est un pays dont la tradition de négoce international est très ancienne. Sans remettre en cause cet avantage, le souci de stabilité des ressources de l'Etat commande de compter davantage sur les recettes intérieures moins fluctuantes que les droits de porte.

L'étude de la rubrique des droits perçus à l'importation devra se faire dans le contexte du *Tarif Extérieur commun*, le régime de tarification de l'UEMOA qui, depuis le 1^er^ janvier 2000, institue un tarif douanier uniforme dans l'Union. Désormais les droits à l'importation sont de 0%, 5%, 10% ou 20% suivant la nature et l'origine du produit, en remplacement de l'ancien barème dont les taux étaient compris entre 0 et 35%.

L'entrée en vigueur d TEC a considérablement gêné les performances des services de douanes en 2000. L'impact sur les recettes budgétaires de son application n'avait pas été correctement évalué par les autorités de l'époque. Le Mali étant un pays continental qui tire une part substantielle de ses ressources budgétaires des droits et taxes à l'importation des produits, l'application de mesures communautaires de baisse des tarifs douaniers entraînerait inéluctablement une diminution des recettes fiscales, à moins de mesures compensatoires pour combler les pertes probables de recettes, par un accroissement des impôts ou par des compensations communautaires diligentes. Ainsi à l'entrée en vigueur du TEC les rentrées budgétaires seront moindres que les prévisions. Les droits fiscaux à l'importation qui s'élevaient à 60,4 milliards de F Cfa en 1998 -environ un quart des recettes fiscales- régresseront à 42,6 milliards en 2000, soit une baisse de 29% par rapport à 1998. Mais la reprise s'amorçant en 2002, les droits perçus sur les opérations de commerce international s'élèveront à 64 milliards de Cfa, soit 18% des recettes.

L'impôt sur les revenus se caractérise par une relative stabilité: 15% du montant total des recettes en 1988, 20% en 1994, 18% en 1998 puis 15% en 2002. La rubrique est constituée essentiellement de l'impôt sur le bénéfice des sociétés ainsi que de l'impôt général sur le revenu -I.G.R.- retenu sur les salaires des agents des administrations publiques et privées, qui sera remplacé par l'impôt sur les traitements et salaires -I.T.S.-.

L'impôt sur les revenus avait fait l'objet d'une attention particulière dans les programmes de réforme structurelle : le taux d'imposition de chacune de ses composantes a été plusieurs fois allégé. Les taux de l'I.G.R par tranche ont été réduits de même que ceux de l'impôt sur les bénéfices industriels et commerciaux -B.I.C.-. Le taux de l'impôt B.I.C. pour les sociétés de capitaux a diminué de 50% à 35%, celui des particuliers de 30% à 15 %, avant leur uniformisation à 35%. Le taux de l'impôt sur le chiffre d'affaires aussi baissera de 0,25 point, passant de 1% à 0,75%.

En valeur, l'impôt sur les revenus a considérablement augmenté entre 1988 et 2002. Il passe de 8,7 à 54,6 milliards de f Cfa. Mais en même temps que sa valeur croissait, surtout entre 1998 et 2002, sa part dans le total des recettes baissait de 18 à 15% -voir tableau n° 2-3-. L'accroissement du montant de la rubrique entre 2000 et 2002 se caractérise par des variations dans les montants de ses différentes composantes. La part de l'impôt B.I.C. n'a pas cessé de régresser depuis 1998 en passant de 60% de la rubrique en 1998, soit 11% des recettes fiscales, à 25% en 2002, soit 4%. L'impôt sur les personnes qui constituait 35% des impôts sur les revenus et 6% des recettes fiscales en 1998, croît à 40% des impôts sur les revenus en 2002, mais il reste constant à 6% des recettes fiscales.

En définitive, le niveau de l'impôt sur les revenus des personnes est nettement inférieur à son rendement potentiel du fait d'une part du non assujettissement à l'impôt des revenus agricoles et, d'autre part, de la taille du secteur informel que certaines sources évaluent au tiers de l'activité économique formelle.

La principale recette sur la propriété est la taxe sur les transactions financières et le capital. Elle constitue environ la moitié de la rubrique. L'impôt foncier, malgré ses larges possibilités d'apport, ne représente qu'une faible proportion des recettes publiques à cause de la faiblesse de la fiscalité foncière peu développée au Mali. Le montant de la rubrique ainsi que son apport aux recettes restent minimes.

Concernant les recettes non fiscales, leur rendement est faible. Leur part dans le total des recettes régresse de 17% en 1988 à 2% en 2002.

L'apport des recettes en capital au budget qui se limitait aux revenus des cessions d'immeubles publics était insignifiant et en régression entre 1990 et 1998 de 3,3 milliards Cfa à 1,5 milliards. En 2000, les revenus de privatisation des entreprises publiques contribueront à rehausser sensiblement leur niveau.

### Les recettes régionales

Les recettes des budgets régionaux servent à assurer le fonctionnement de services locaux. Les recettes régionales reposent sur quelques impôts et des taxes peu productifs et elles demeurent fortement tributaires des aléas climatiques. L'impôt sur le minimum fiscal et la taxe sur le bétail sont les principales ressources qui alimentent les budgets des régions.

**Tableau 2-2 : Répartition de la répartition des recettes du budget régional en% :**

| Régions | 1994 | 1996 |
|---|---|---|
| **Sikasso** | 31 | 34 |
| **Koulikoro** | 13 | 20 |
| **Mopti** | 23 | 13 |
| **Ségou** | 14 | 13 |
| **Kayes** | 9 | 9 |
| **Gao** | 4 | 6 |

| | | |
|---|---|---|
| **Bamako** | 5 | 4 |
| **Tombouctou** | 1 | 2 |
| **Kidal** | 0 | 0 |

Les recettes du budget régional sont modestes et leur évolution est restée en retrait par rapport à celle du budget national. Les recettes du budget régional se caractérisent par leur faible taux de réalisation : 60% en 1994, 59 % en 1996 et 62% en 1998. Elles ont connu ces dernières décennies une évolution à la baisse. Ainsi de 1994 à 1996 elles ont chuté de 865 à 862 millions de F Cfa et, de 1996 à 1998, de 862 à 844 millions de F Cfa.

Les dépenses des budgets régionaux sont dominées par les salaires des employés et les achats de biens et services. Les dépenses d'investissement y sont presque inexistantes.

Le solde déficitaire chronique des opérations du budget régional altère en partie les performances du budget national. Cependant l'analyse du solde des budgets régionaux est complexe à cause de l'inégalité dans l'allocation de ressources à chaque région proportionnellement à sa contribution aux recettes du budget national.

Les budgets régionaux sont en voie de disparition sous leur forme actuelle. Elles devront bientôt passer dans les comptes des collectivités décentralisées dans le cadre de la décentralisation administrative, avec les avantages que confèrent à ces collectivités l'autonomie de gestion par rapport à l'Etat central d'une part et, d'autre part, les transferts de ressources censés accompagner les transferts de compétence.

**Tableau n° 2-3: Structure des recettes**
*(En % du total des recettes)*

| Tableau des recettes | 1988 | 1990 | 1992 | 1994 | 1996 | 1998 | 2000 | 2002 |
|---|---|---|---|---|---|---|---|---|
| **II Total des recettes** | **100** | **100** | **100** | **100** | **100** | **100** | **100** | **100** |
| **III Recettes courantes** | **100** | **96** | **99** | **99** | **98** | **99** | **93** | **98** |
| **IV Recettes fiscales.** | **83** | **87** | **94** | **93** | **95** | **95** | **90** | **96** |
| 1-Impôt /Revenus. Bénéf. Gains Cap. | 15 | 17 | 14 | 20 | 19 | 18 | 15 | 15 |
| 2-Cotisation de Séc. Soc. | - | - | - | - | - | - | - | - |
| 3-Salaires mains-d'œuvre, Employeur | 2 | 2 | 3 | 2 | 2 | 2 | 2 | 2 |
| 4-Impôt sur propriétés | 4 | 5 | 4 | 5 | 6 | 4 | 5 | 8 |
| 5-Taxes sur biens et services | 34 | 41 | 41 | 36 | 39 | 41 | 48 | 49 |
| 6-Commerce international | 16 | 11 | 21 | 20 | 22 | 26 | 16 | 18 |
| 7-Autres recettes fiscales | 12 | 11 | 11 | 10 | 7 | 5 | 4 | 3 |
| **V Recettes non fiscales** | **17** | **9** | **5** | **6** | **4** | **4** | **4** | **2** |
| 8- Excédent exploitation U.P.M | - | - | - | - | - | - | - | - |
| 9- Revenus de la propriété | 0 | 1 | 0 | 0 | 1 | 1 | 1 | - |
| 10-Droits, frais administratif, Ventes | 7 | 2 | 2 | 2 | 1 | 1 | 1 | - |

| | | | | | | | | |
|---|---|---|---|---|---|---|---|---|
| 11-Amendes et confiscations | 1 | 1 | 0 | 0 | 0 | 0 | 0 | 0 |
| 12-Cotisation Caisse retenue des A.P. | - | - | - | - | - | - | - | - |
| 13-Autres recettes non fiscales | 9 | 6 | 2 | 4 | 1 | 6 | 1 | - |
| | | | | | | | | |
| **VI <u>Recettes en capital</u>** | **-** | **4** | **1** | **1** | **2** | **1** | **7** | **2** |
| 14- Ventes de biens et cap. fixe | - | 4 | 1 | 1 | 2 | 1 | 1 | 2 |
| 15-Vente de terrains et actifs incorporels | - | - | - | - | - | - | 6 | - |

## 2- Les aides budgétaires

L'aide extérieure, composée essentiellement de subventions de pays donateurs et d'institutions multilatérales, est destinée principalement au financement du budget d'investissement de l'Etat et, accessoirement, à l'appui aux programmes de réforme structurelle et à la politique macroéconomique. Depuis le soutien aux mesures d'accompagnement de la dévaluation monétaire de 1994, le volume de l'aide extérieure ainsi que sa part dans les ressources de l'Etat ne cessent de diminuer : 92,8 milliards de F Cfa en 1994 contre 81,6 en 2002, soit respectivement 42% et 18% des ressources.

Un certain nombre de difficultés avaient réduit l'efficacité dans la mobilisation de l'aide extérieure, à savoir les divergences de priorités ou d'intérêts avec les donateurs, la rigidité des procédures de décaissement et la similitude des conditionnalités des donateurs, la multiplicité des intervenants sur des secteurs ciblés, étroits, incapables d'absorber en un exercice budgétaire les financements acquis ; le manque d'autonomie de décision des agences locales d'exécution des pays donateurs ou des organismes financiers, l'absence de coordination entre les administrations maliennes chargées de la négociation des financements et celles en charge de la gestion des programmes. Ces handicaps ont engendré de nombreuses difficultés dans le décaissement des contributions annoncées dans les délais. S'y ajoutent également l'amenuisement de la générosité des pays riches, las d'attendre les résultats de leur apport au développement du pays.

L'aide extérieure est une source important d'appui aux ressources du budget du Mali. Mais son caractère aléatoire doit en rendre le moins dépendant possible. Son affectation est fonction des impératifs budgétaires et des orientations géopolitiques des pays donateurs qui s'accompagnent d'une réorientation des flux d'aide au vers les zones d'influence nouvelle et aussi d'une sélectivité des bénéficiaires dans les zones d'intervention traditionnelle suivant des critères souvent subjectifs.

L'inclination observée chez les principaux pays donateurs pour le multilatéralisme -intervenir dans le sillage des programmes du F.M.I. ou dans le cadre des Conventions de coopération interrégionale pour des raisons de « *bonne gouvernance* »- est une subtilité pour diluer le niveau de leur assistance financière décroissante dans celui des organismes multilatéraux –UE, FMI, BM- dont les interventions augmentent en appui à la politique d'ajustement structurel des pays en développement. Malgré la nécessité d'un accroissement des flux d'aide au développement pour atteindre les objectifs du Millénium pour le développement, le coût pour la communauté internationale de l'initiative de réduction de la dette des pays pauvres très endettés n'augure pas dans un proche avenir d'une amplification notable de l'aide au développement.

Concernant le Mali, la stagnation du volume des aides extérieures reçues depuis une dizaine d'années confirme les incertitudes de toutes natures qui planent sur l'aide aux pays en développement. Et les autorités, dans leur quête d'efficacité dans la politique extérieure, ont adopté l'approche de la *« table ronde »*, cadre de concertation et de coordination du gouvernement avec les donateurs et les bailleurs de fonds, qui se tient traditionnellement à Genève, où sont débattus les programmes d'action gouvernementale ainsi que les requêtes de financement adressées à l'ensemble des partenaires au développement du pays.

Ce forum demeure un cadre idoine pour la coordination efficace des financements extérieurs. Il est lieu pour le gouvernement d'exposer ses programmes en fonction de ses priorités propres, et d'en solliciter le financement dans le cadre d'une concertation globale qui, seule, permet de réunir un volume de contributions impossible à satisfaire dans le cadre d'une coopération bilatérale.

### 3- Evolution des recettes

L'examen du graphique n° 2-2 montre que les recettes fiscales sont celles qui influencent fondamentalement les recettes totales : la courbe des recettes totales suit le trend des recettes fiscales. Celles-ci ont connu une forte progression entre 1992 et 1998 : 375% par rapport au total des recettes 311%.

De 1988 à 2000, le montant des recettes non fiscales a chuté de 10 milliards de F Cfa à 9,2, soit de 17% à 4% des recettes totales. L'analyse détaillée des documents budgétaires nous enseigne que cette baisse des recettes non fiscales est le résultat de la clarification des comptes de l'Etat dont l'identification et la correcte imputation ont permis la réduction sensible du montant des postes de résidus.

Quant aux recettes en capital, leur apport aux recettes budgétaires était marginal. Leur part également s'amenuisait en passant de 4% des recettes en 1988 à 1% en 1998. La hausse à 7% observée en 2000 est due essentiellement à l'apport des recettes de privatisation des entreprises publiques.

L'amélioration du niveau des recettes budgétaires demeure une priorité du département des Finances. Elle passera par l'amélioration de la prestation des services publics, la formation permanente de la ressource humaine et le renforcement des capacités techniques des services par l'utilisation optimale du système informatique en réseau –insuffisamment exploité actuellement-. La création prochaine d'un site Web du ministère de l'Economie devrait permettre la diffusion et l'accessibilité des données financières et économiques sur le Mali, afin de favoriser leur exploitation et leur analyse par l'ensemble des administrations. L'amélioration des recettes passe également par le renforcement du contrôle fiscal et le resserrement de la collaboration entre les administrations financières, par le partage nécessaire de l'information en vue de lutter efficacement contre la fraude endémique qui gangrène certaines activités, notamment le commerce des hydrocarbures qui constitue un vrai point de saignement pour les finances de l'Etat.

Par ailleurs, le secteur informel réalisant près de la moitié de la production du pays, son intégration progressive à l'économie formelle reste l'objectif ultime de modernisation de l'économie malienne. Elle favorisera une meilleure appréciation de la richesse nationale ainsi qu'une planification économique plus fiable de l'investissement. Cette intégration nécessitera une démarche pédagogique en soumettant les opérateurs du secteur informel d'abord à un système d'imposition forfaitaire, au besoin modulée par catégorie professionnelle ou par corps de métier, puis à une imposition au réel au fur et à mesure du développement de leurs activités.

Graphique n° 2-2 : Les ressources du budget par nature

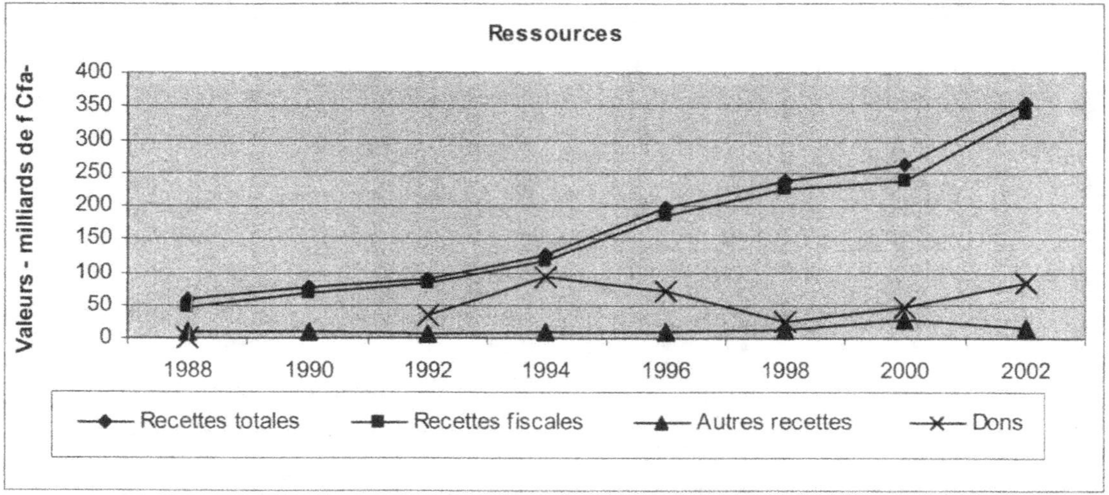

# TROISIEMEME PARTIE

# LES DEPENSES PUBLIQUES

Les dépenses publiques sont l'ensemble des paiements non remboursables des administrations publiques, qu'il s'agisse des opérations avec ou sans contrepartie.

Le Manuel SFP répartit les charges du budget en dépenses courantes, en dépenses en capital et en prêts et avances. Les dépenses courantes comprennent les paiements au titre du salaire des agents émargeant au budget de l'Etat, les transferts ainsi que les charges d'intérêt de la dette extérieure. Le tableau 3-1 donne le niveau de dépenses de l'Etat.

## I– CLASSIFICATION DES DEPENSES

Le but de la classification des dépenses est d'identifier les similitudes fondamentales des opérations de dépenses du budget afin de les regrouper de manière homogène en raison des objectifs poursuivis ou en raison de la nature des dépenses.

Les dépenses seront classées suivant leurs effets sur le reste de l'économie -budget économique-, ou suivant l'objectif pour lequel elles ont été effectuées -budget fonctionnel-, indépendamment de l'unité administrative qui les effectue. La classification fonctionnelle permet de repérer les priorités accordées par le gouvernement à un domaine -éducation, justice, santé etc.- et d'estimer le coût des prestations fournies par les services publics ainsi que d'autres ratios qui s'y attachent.

Les fréquents changements institutionnels qui conduisent à une multiplicité des fonctions au sein d'un seul département ministériel rendent parfois mal aisée la ventilation des crédits sous leur rubrique appropriée. Cette difficulté conduit le statisticien à regrouper sous la rubrique des *« Dépenses non ventilées »* l'ensemble des dépenses ne pouvant faire l'objet d'un classement approprié. Le niveau élevé de la rubrique Divers constaté à partir de 1994 est dû aux *charges communes* –rubriques communes à tous les département ministériels gérées par la direction nationale du Budget- qui ont considérablement augmenté depuis.

**<u>Graphique n° 3-1</u>. Dépenses publiques** *(En milliards de francs)*

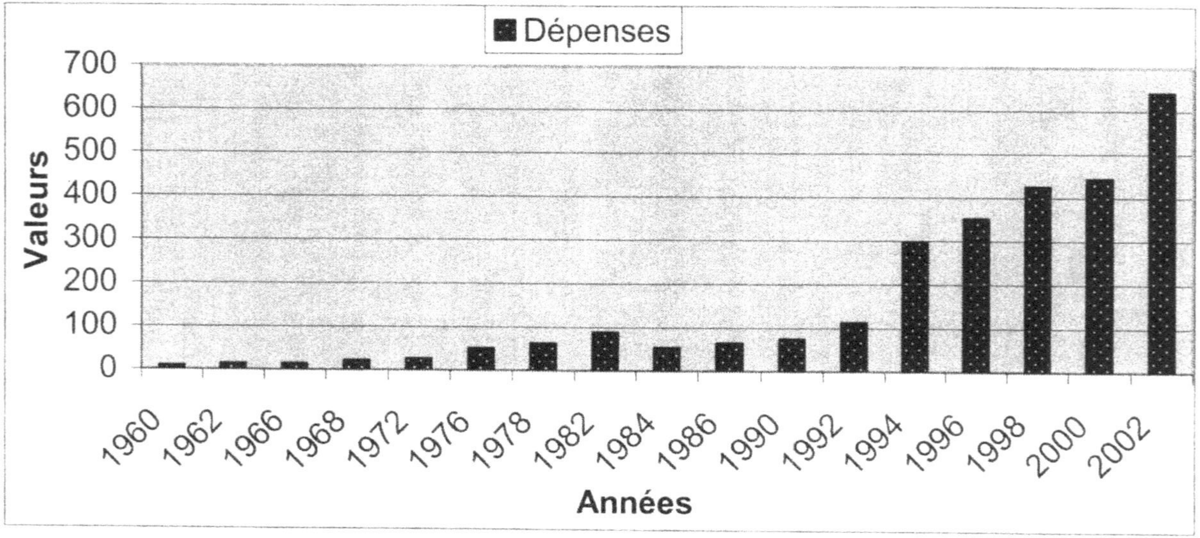

### 1– Le budget fonctionnel

Les opérations de dépenses sont classées en fonction de l'objectif. Elles se répartissent en quatorze rubriques décrites sommairement :

1- *Services publics généraux* : Ce sont les services publics à caractère administratif du budget national et du budget régional - Justice, Administration etc.-, les administrations financières, l'Assemblée Nationale, tant pour leurs dépenses de personnel que de matériel à l'exception des dépenses en capital.

2– *Défense* : Englobe l'ensemble des dépenses du ministère de la défense nationale tant en personnel, matériel qu 'en capital, ainsi que les dépenses effectuées à des fins non militaires.

3– *Ordre et sécurité* : Cette catégorie comprend les dépenses liées à l'administration du maintien de l'ordre public et de la sécurité à l'intérieur du pays, de la lutte contre les incendies ainsi que les dépenses du système judiciaire et des tribunaux.

4– *Services de l'éducation* : Ils concernent l'administration des ministères de l'enseignement, les dépenses de recherche sur les objectifs, les services annexes et autres relatifs à l'enseignement.

5– *Santé publique* : Sont enregistrées sous cette rubrique les dépenses des organismes publics chargés de l'administration des services liés à la santé : maladie et invalidités temporaires, prestations liées à la maternité ainsi que les aides aux victimes de guerre.

6- *Sécurité sociale et Oeuvres sociales* : Cette catégorie enregistre l'administration des organismes publics de sécurité sociale, les prestations pour maladie et autres invalidités, les prestations vieillesse et décès des fonctionnaires, les prestations chômage, les allocations familiales, de maternité ; les dépenses des organismes publics responsables des œuvres sociales -celles à l'occasion de soins aux personnes âgées, aux enfants- etc.

7– *Logements* : Comprennent les dépenses des services chargés de l'administration, de la réglementation, de la fourniture des logements; les dépenses en capital liées au logement, ainsi que les dépenses des services en charge de l'urbanisme, de l'aménagement de la collectivité et de l'hygiène.

**Tableau n° 3-1. Budget fonctionnel**
*(En milliards de F Cfa)*

| Classes | Catégories | 1984 | 1986 | 1988 | 1990 | 1992 | 1994 | 1996 | 1998 | 2000 | 2002 |
|---|---|---|---|---|---|---|---|---|---|---|---|
| 1 | Services Publics généraux | 6,7 | 7,7 | 7,8 | 8,5 | 8,8 | 19,2 | 27,2 | 28,3 | 29,9 | 41,2 |
| 2 | Défense | 11,1 | 13,1 | 14,2 | 14,2 | 16,2 | 20,9 | 25,3 | 29,2 | 34,3 | 35,3 |
| 3 | Ordre public - Sécurité | 0,5 | 0,6 | 0,6 | 0,7 | 0,8 | 2,4 | 2,2 | 3,1 | 11,1 | 13,2 |
| 4 | Education | 14,5 | 14,8 | 15,1 | 15,4 | 17,7 | 22,3 | 29,5 | 34,2 | 45,8 | 63 |
| 5 | Santé publique | 3,4 | 3,9 | 3,9 | 4 | 4,7 | 9,9 | 9,4 | 17,5 | 11,9 | 13,7 |
| 6 | Sécurité sociale-Œuvres Sociales | 0,3 | 0,4 | 0,4 | 0,2 | 0,0 | 0,0 | 0,0 | 0,0 | 3,0 | 3,8 |
| 7 | Logement/Service collectivité | 0,0 | 0,4 | 0,0 | 0,0 | 0,0 | 2,1 | 0,7 | 0,9 | 0,0 | 0,9 |
| 8 | Activité récréat. Cult./Religieuse | 0,7 | 0,9 | 0,9 | 0,9 | 0,9 | 0,9 | 2,4 | 1,3 | 4,6 | 5,4 |
| **9 à 13** | **Services économiques** | **8,0** | **11,8** | **11,3** | **12,8** | **17,0** | **21,2** | **32,3** | **196,1** | **196,7** | **274,8** |
| 9 | Electricité - Gaz | 0,0 | 0,0 | 0,0 | 0,0 | 0,0 | 0,0 | 0,1 | 1,1 | 0,0 | 0,0 |
| 10 | Agriculture- Sylvicult. -Pêche | 2,3 | 3,9 | 2,9 | 4,2 | 4,0 | 5,7 | 8,0 | 6,8 | 8,4 | 8,9 |
| 11 | Mine- Manufacture, Bâtiment,Constr. | 0,4 | 0,5 | 0,4 | 0,8 | 3,1 | 2,7 | 6,0 | 0,8 | 2,5 | 6,72 |
| 12 | Transport et communication | 0,9 | 1,9 | 1,6 | 1,3 | 1,8 | 1,4 | 2,9 | 2 | 3,2 | 2,8 |
| 13 | Autres services économiques | 4,4 | 5,6 | 6,5 | 6,5 | 8,1 | 11,4 | 15,3 | 185,4 | 182,6 | 256,4 |

| | | | | | | | | | | | |
|---|---|---|---|---|---|---|---|---|---|---|---|
| **14** | **Dépenses non ventilées** | **8,0** | **10,8** | **11,6** | **16,8** | **45,9** | **99,8** | **92,3** | **114,9** | **104,4** | **190,6** |
| | Intérêts/ Dette publique | 0,0 | 0,0 | 0,0 | 0,0 | 28,3 | 54,5 | 50 | 51,9 | 60,8 | 66,2 |
| | Secours | 0,0 | 0,0 | 0,7 | 0,0 | 0,0 | 0,0 | 0,0 | 0,1 | 0,0 | 0,6 |
| | Subventions | 0,5 | 0,6 | 0,7 | 0,7 | 1,3 | 0,3 | 0,1 | 1,2 | 2,1 | 43,7 |
| | Divers nda | 7,5 | 10,1 | 10,2 | 16,1 | 16,3 | 45 | 42,2 | 61,7 | 41,5 | 80,1 |
| | **Total** | **53,1** | **63,9** | **65,8** | **73,5** | **112,0** | **196,6** | **220,6** | **424,6** | **441,7** | **641,9** |

(*) Dont dépenses de charges communes

8- *Activités récréatives – Culture – Religion :* Cette rubrique comprend les dépenses liées aux activités sportives, aux jeux, sport, loisirs, parcs ; aux activités culturelles et religieuses, à la radio, à la télévision, à la presse.

9- *Electricité – Gaz* : Ce sont les dépenses d'administration, de recherche, de développement relatives au domaine de l'énergie (gaz, eau, biomasse).

10- *Agriculture - Sylviculture – Pêche.* Elles concernent les dépenses d'administration, de recherche de développement, de vulgarisation agricole et de stabilisation des prix, relatives à l'agriculture, à la pêche, à la chasse.

11- *Mines – Manufactures – Bâtiments – Construction* : Cette rubrique comprend l'ensemble des dépenses liées aux travaux de recherche, d'études, de prospection ; les subventions d'investissement, ainsi que les dépenses d'administration relatives aux industries minières, manufacturières et à celles du bâtiment.

12- *Transport et Communication* : Ils comprennent les dépenses d'administration et autres relatives au transport routier, fluvial, aérien, ferroviaire ainsi que les dépenses relatives aux communications.

13- *Autres services économiques* : Ce sont les dépenses relatives au tourisme, au commerce, les projets polyvalents à caractère économique comme le budget d'investissement.

14- *Dépenses non ventilées* : Cette catégorie comprend les dépenses au titre des charges communes du budget, de la dette publique, les dépenses de secours, les subventions à caractère général ainsi que les dépenses non classables.

Le budget fonctionnel était dominé en 1984 par les dépenses de l'éducation qui représentaient le plus important poste de dépenses, soit 28% du budget, suivies de celles de la défense 17%, des services publics généraux à 13%. Puis venaient les fonctions économiques avec 15%.

De 1984 à 2002, les dépenses d'éducation ont connu un accroissement global de 334 %, tandis qu'en valeur relative, elles ont diminué de près de 18 points en 2002, passant de 28% de part de dépenses à environ 10%.

Quant aux dépenses de santé, l'Etat a souhaité en contenir le montant durant les programmes d'ajustement, en transférant une partie de la couverture financière des besoins sanitaires aux communautés bénéficiaires, au nom de la règle de récupération des coups. En conséquence l'évolution des dépenses publiques de santé est restée en retrait par rapport à l'évolution des autres rubriques. Ainsi, entre 1984 et 1998, les dépenses de santé sont passées de 3,4 milliards de F Cfa à 17,5. En même temps leur part dans les dépenses totales, qui était déjà faible, s'amenuisait en passant de 6% du montant total des dépenses en 1988 à 4% en 1998, puis à 3% en 2000 et 2% en 2002.

D'une manière générale, entre 1998 et 2002, le taux moyen annuel d'accroissement des dépenses d'éducation –85%- en comparaison de celui des dépenses totales -51%-, est très fort, alors que celui de la santé ( -23%) marque une nette régression.

La part des dépenses de fonctionnement des services publics qui était de 21% en 1988 tombe à 6% en 2002. En réalité, le niveau réel des charges de fonctionnement est bien plus élevé si l'on y inclut les dépenses de charges communes, classées dans le poste de résidu du fait que la rubrique des charges communes supporte indistinctement les dépenses de tous les ministères correspondant à plusieurs fonctions.

### 2– Classification économique des dépenses

La classification économique des dépenses s'attache à la nature même des dépenses regroupées en chapitres budgétaires suivant le principe de la spécialité. Son but est de discerner les effets de la dépense sur le reste de l'économie. Les charges sont classées en dépenses ordinaires, dépenses en capital et en prêts nets.

La classification économique[2] des dépenses budgétaires est résumée comme il suit:

**I– Les dépenses courantes**

Elles sont constituées des dépenses d'acquisition des biens et services, de paiement d'intérêt ainsi que les dépenses de subvention et de transfert. Les opérations de dépenses sont classées sous les rubriques suivantes :

1- Achats de biens et de services :

1-1 *Salaires et traitements* : Ce sont l'ensemble des paiements que reçoivent les travailleurs de l'Etat et des budgets annexes au titre de leur traitement, des heures supplémentaires, des primes et des autres indemnités.

---

[2] Voir bibliographie S.N.A.

1-2 *Les cotisations* : Ce sont les cotisations payées par l'Etat aux caisses de sécurité sociale.

1-3 *Les achats de biens et services* : Cette rubrique comprend les achats de matériels et de fournitures, les loyers, le carburant, l'électricité, les frais de mission, les paiements de titre de transport etc.

2- Versements d'intérêts : Ils sont constitués des intérêts payés au titre de la dette due à des secteurs en dehors de l'administration. Ce sont les dettes contractées envers les non-résidents, les gouvernements étrangers et les organismes internationaux.

3- Subventions et transferts : Ce sont les transferts à l'industrie privée, les transferts aux entreprises publiques pour perte d'exploitation, les transferts aux ménages, les bourses payées aux étudiants, les contributions aux organisations internationales et divers paiements sans contrepartie.

**II- Les dépenses en capital**

Ce sont les acquisitions de bien de capital fixe d'une valeur minimale et d'une durée d'au moins un an. Cette rubrique comprend également les achats de stocks, de terrains ainsi que les transferts en capital.

**III- Les prêts nets**

Ce sont les dépenses de prêts d'argent et de prise de participation moins les remboursements de prêts encaissés et les ventes de participation au cours de l'année budgétaire.

La contexture actuelle des documents budgétaires ne permet pas une présentation très détaillée des rubriques du tableau n°3-2 comme la rubrique des *Salaires et cotisations* qui aurait pu être détaillée de manière à en faire ressortir distinctement les principales composantes, c'est-à-dire les traitements, les retenues sur salaires ainsi que les reversements aux organismes de sécurité sociale. Par le passé, lorsque les conditionnalités des programmes d'ajustement structurel imposaient des plafonds de crédit à certaines spécialités dans l'objectif de restructuration des dépenses du budget, les sous rubriques du poste des achats de biens et services faisaient l'objet d'attention particulière pour le suivi de la consommation des services publics. Il en était ainsi pour les consommations d'énergie ou de carburant, les indemnités de mission et les frais de transport. Chacune des rubriques du tableau n°3-2 peut faire l'objet d'un développement à souhait dans le but de mettre en évidence une nature précise de dépense.

Le tableau n° 3-2 montre que le budget malien a été longtemps marqué par la primauté des dépenses courantes à cause, principalement, de la prépondérance des charges salariales sur les autres dépenses, au point de qualifier le budget malien de *« budget de salaires »*. En 1984 les dépenses de salaires représentaient 68% du budget. A partir de 1988, l'effet des diverses mesures prises afin de contenir l'évolution de la masse salariale se fait sentir. Au fur et à mesure de l'exécution des mesures engagées il s'est opéré un rééquilibrage qui se traduit par la diminution de la part des dépenses de personnel. Ainsi malgré l'accroissement en valeur absolue de la masse salariale de 35,7 milliards de F Cfa à 95,4 milliards la proportion des salaires passera de 68% des charges en 1984 à 15% en 2002.

De 1984 à 2002 le poste des achats de biens et services de l'Etat a progressé de 12,3 à 163,6 milliards de F Cfa. L'accroissement de cette rubrique a été fort surtout entre 1992 et 1996 et entre 1998 et 2002. En valeur relative, sa part dans les dépenses publiques passe de 20% en moyenne durant la décennie 1980 à 37% en 1992 avant de baisser à 23% en 1994, et d'atteindre 25% en 2002.

Quant à la rubrique « Subventions et transferts», elle a connu un accroissement impressionnant entre 1984 et 2002 en passant de 3,7 à 66,2 milliards de F Cfa. Le montant des subventions étant réduit à la portion congrue depuis l'institution de la liberté des prix et la suppression des subventions à la consommation, l'essentiel des transferts est constitué des subventions aux budgets annexes et les bourses universitaires. L'enveloppe des bourses est passée de près de 3 milliards quelques années plus tôt à plus de 5 milliards en 2000, ceci en dépit de l'engagement du gouvernement à limiter cette catégorie de dépense dans le souci d'un rééquilibrage des allocations de ressources en faveur de l'éducation de base.

S'agissant des dépenses d'investissement, jusqu'en 1994, la faiblesse du budget d'investissement par rapport aux dépenses courantes de l'Etat était notoire. Mais il convient de signaler qu'auparavant l'ensemble des dépenses d'investissement n'apparaissait pas au budget de l'Etat. Seules celles financées sur ressources intérieures y figuraient, les dépenses financées par des ressources extérieures figuraient à titre d'information statistique

**Tableau n°3-2 Classification économique des dépenses du budget** (En milliards de F Cfa)

| Classes | Catégories de dépenses | 1984 | 1986 | 1988 | 1990 | 1992 | 1994 | 1996 | 1998 | 2000 | 2002 |
|---|---|---|---|---|---|---|---|---|---|---|---|
| **I** | **Dépenses courantes** | **51,3** | **61,4** | **59,8** | **67,7** | **104,9** | **186,7** | **202,8** | **220,8** | **267,8** | **383,6** |
| **1** | **Dépenses bien et services** | **48** | **56,8** | **53,4** | **62,6** | **72,5** | **112,1** | **127,1** | **135,2** | **173,7** | **259** |
| *1.1* | *Salaires et cotisations.* | 35,7 | 42,8 | 38,9 | 40,1 | 41,5 | 45 | 53,7 | 59,3 | 68,5 | 95,4 |
| *1.2* | *Cotisations employeurs* | - | - | - | - | - | - | - | - | - | - |
| *1.3* | *Autres achats biens et services* | 12,3 | 14 | 14,5 | 22,5 | 31 | 67 | 73,4 | 75,9 | 105,2 | 163,6 |
| **2** | **Intérêt - Dette** | **0** | **0** | **1,2** | **2** | **28,3** | **54,5** | **50** | **51,9** | **60,8** | **66,2** |
| **3** | **Subventions - Transferts** | **3,3** | **4,6** | **5,2** | **3,1** | **4,1** | **20,1** | **25,7** | **33,7** | **33,2** | **58,4** |
| *3.1* | *Subventions* | 0 | 0,1 | 0,8 | 0 | 1,3 | 0,3 | 0,1 | 0,1 | 9,7 | 51,3 |
| *3.3* | *Transfert /Entreprises, résidents* | 3,3 | 3,4 | 3,4 | 3,1 | 2,1 | 18,6 | 24,8 | 33,7 | 22,2 | 5,6 |
| *3.5* | *Transfert à l'étranger* | 0 | 1,1 | 1 | 0 | 0,6 | 1,2 | 0,8 | 1,3 | 1,4 | 1,5 |
| **II** | **Dépenses en capital** | **1,8** | **2,5** | **5,7** | **5,8** | **7,1** | **9,9** | **18,1** | **203,8** | **173,9** | **258,3** |
| **III** | **Prêts nets** | - | - | - | - | - | - | - | - | - | - |
| | Total | 53,1 | 63,9 | 65,5 | 73,5 | 112 | 196,6 | 220,9 | 424,6 | 441,7 | 641,9 |

dans les *Comptes Economiques* de la Direction du Plan. Mais en 1998, la totalité du *Budget spécial d'investissement* de l'Etat (B.S.I.) a été incorporée au budget général. Du coup les dépenses d'investissement sont passées de 18,1 milliards de F Cfa en 1996 à 203,8 milliards de F Cfa en 1998. Elles connaîtront une baisse à 173,9 milliards en 2000 avant de plafonner à 258,3 milliards en 2002.

L'intégration du BSI au budget général modifiera considérablement la structure des dépenses ainsi que l'interprétation des ratios y afférents. La lecture de certaines statistiques officielles calculées sur la base des dépenses de base pourrait bien faire croire à une divergence avec les valeurs du graphique n° 3-3. Une concordance est réalisée dès que l'on s'accorde sur les composantes des ratios. Par exemple il est courant de lire que l'éducation nationale constitue le premier poste de dépense de l'Etat avec une part d'environ 30% de dépenses. Cela s'entend les dépenses budgétaires hors financement extérieur du B.S.I. Mais en incluant l'ensemble du BSI dans le calcul, cette proportion changera.

**Graphique n °3-3:** Dépenses par nature en pourcentage

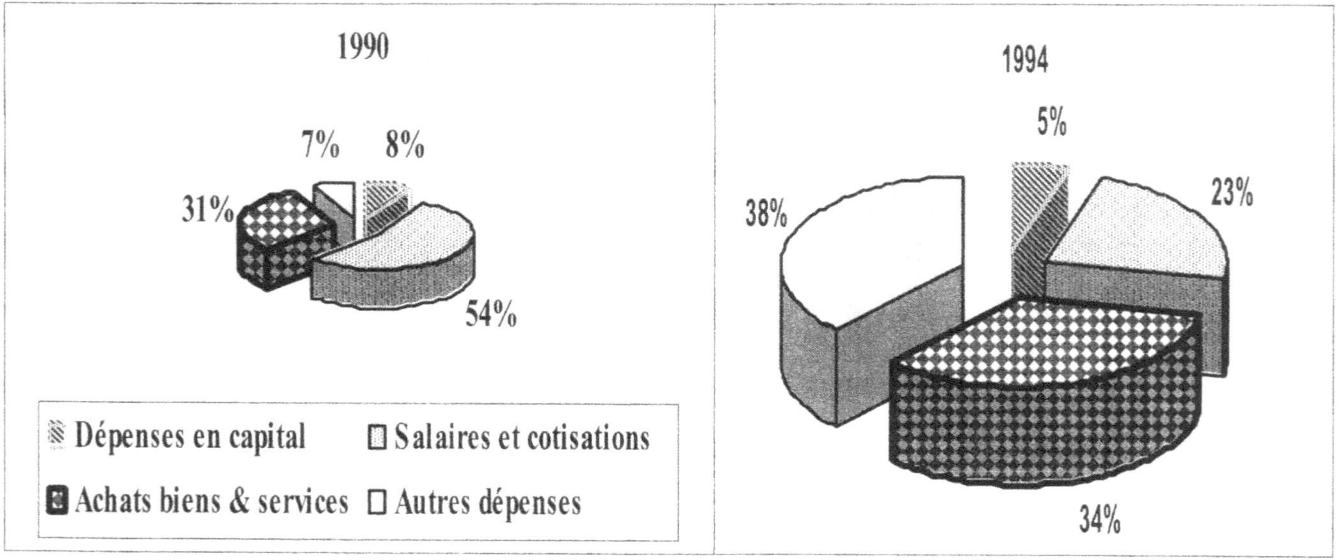

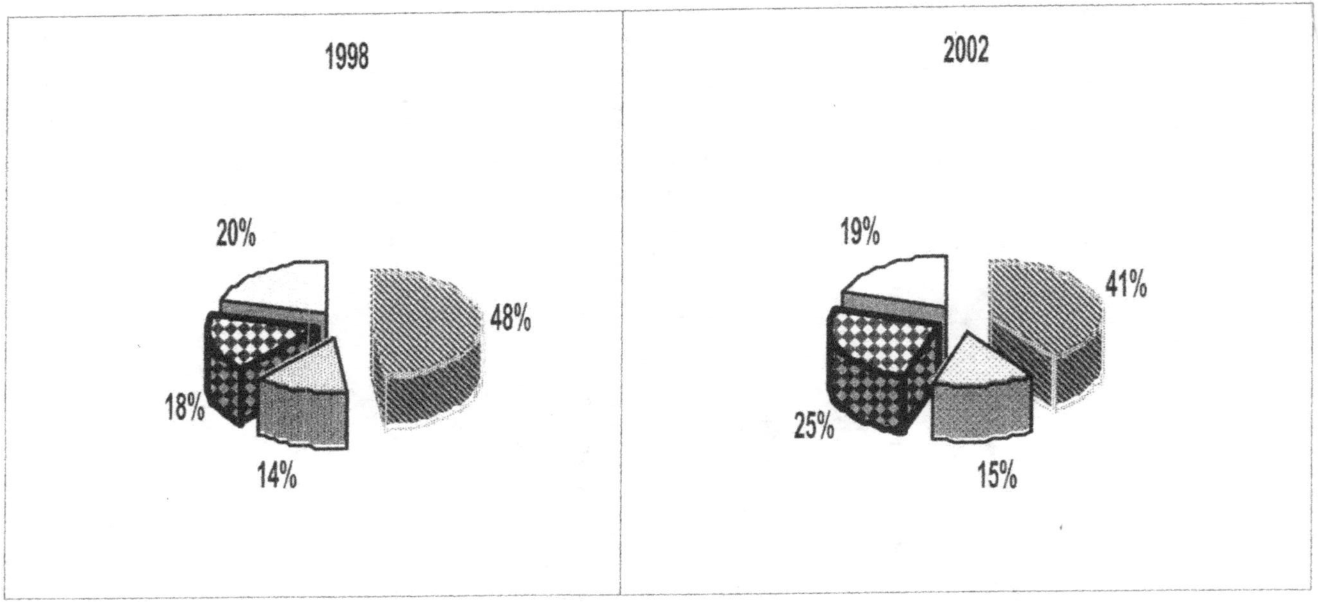
1998
20%
48%
18%
14%
2002
19%
41%
25%
15%

L'Etat est partie prenante de l'activité économique nationale. Sa part dans la production est fonction du rythme de croissance de l'économie ainsi que de la politique économique du gouvernement.

Le niveau d'intervention de l'Etat dans l'économie d'un pays est généralement mesuré par le rapport des dépenses publiques au produit intérieur brut -PIB-. La valeur de ce ratio peut être déterminante dans les choix de politique économique et sociale du gouvernement, de même qu'elle favorise les comparaisons au plan international pour juger de l'efficacité dans un domaine donné des dépenses d'un pays par rapport à ses semblables. En termes de prévision, la variation relative des dépenses au PIB donne des indications intéressantes sur la détermination réaliste du niveau global du budget de l'Etat.

## II- EVOLUTION DES DEPENSES

Les dépenses du budget ont connu une sage évolution durant la première décennie de l'indépendance -en moyenne 22% par an de 1960 à 1969-. Le budget de l'Etat a été exécuté dans un environnement international stable par rapport à celui des décennies 70 et 80 marquées par des crises internationales. D'abord l'inflation mondiale consécutive à la crise pétrolière de 1973 a affecté le niveau des dépenses publiques qui s'accroîtra d'environ 58% de 1972 à 1975. Puis au cours de la décennie 80 l'ensemble de la dépense publique portera la marque de la politique de restriction des dépenses du programme de stabilisation des finances publiques.

### 1- Evolution du ratio des dépenses au P.I.B.

Le niveau de la dépense publique dans l'économie malienne a oscillé en dents de scie entre 1960 et 1992 entre 16% et 32% du P.I.B. Il a fortement baissé en 1972 ainsi qu'en 1986. Les causes sont outre tarissement de l'aide budgétaire, la faiblesse de l'activité économique due à la sécheresse qui a sérieusement affecté la production agricole de ces deux années, et aussi le programme de stabilisation des finances de l'Etat qui prônait la restriction des dépenses publiques. Le ratio de la dépense publique au P.I.B. qui s'élevait à une moyenne de 16% chute à 12% en 1975, puis à 10% en 1980. Il ne retrouvera son niveau des années

60 qu'en 1992, avant de croître plus ou moins régulièrement jusqu'à atteindre 27% en 1998, puis 32% en 2002.

Le rapport du budget fonctionnel au produit intérieur brut est résumé au tableau n°3-3. Il indique qu'entre 1984 et 2000, le niveau des fonctions économiques a presque décuplé en passant de 1,5 % du P.I.B. à 13,5% à cause de l'intégration de la totalité du BSI au budget d'Etat qui donnera une proportion significative aux fonctions économiques : leur part passera de 2,4 % à 12,3% du P.I.B. A cause du financement extérieur la part des dépenses budgétaires totales dans le PIB passera de 16,7% en 1996 à 26,6% en 1998.

Quant aux secteurs sociaux, le ratio des dépenses de l'éducation reste important : 3,1% du P.I.B. en 2002 tandis que celui de la santé et des œuvres sociales, qui avait déjà atteint 1,1% en 1998, stagne à 0,9%. Globalement, la part cumulée des dépenses relatives à la santé et à l'éducation a évolué de 3,4% du P.I.B. en 1984 à 4% en 2002.

D'autres rubriques restent stables dans leur évolution. Le ratio des dépenses de la défense au P.I.B., à environ 2%, se situe légèrement en deçà du niveau des dépenses des pays africains qui ont varié entre 2,6 et 3,2% de 1995 à 2000[3]. Les ratios de dépenses relatives à l'Ordre public et à la Sécurité ont progressé de 0,1% en 1984 à 0,6% en 2002, tandis que celles des transports (0,1%) sont quasi constantes. Le ratio du service de la dette a oscillé entre 3,9% du P.I.B. en 1992 et 3,3% en 2002 –après avoir atteint un sommet à 5,6% en 1994-. Cette baisse est due essentiellement aux mesures d'allègement de la dette extérieure du pays qui ont suivi la dévaluation monétaire de 1994.

### 2- Causes de l'accroissement des dépenses

L'accroissement des dépenses publiques du Mali est dû à des raisons administratives et démographiques, économiques ainsi qu'à des raisons politiques.

- *Raisons administratives et démographiques* : Au tout début de l'indépendance du pays, les charges de l'Etat se sont légèrement accrues sous le poids des responsabilités nouvelles de souveraineté. L'Etat central a dû assumer les charges de fonctionnement de l'administration, de la défense et de la sécurité

[3]Source : FMI, Perspective de l'économie mondiale

d'un pays vaste. Toutefois, l'évolution de la dépense publique à cette époque était modeste.

La nécessité d'assurer les services publics aux citoyens conduira l'administration à se rapprocher de plus en plus des populations, occasionnant une couverture du pays avec la création de postes administratifs. Puis au milieu de la décennie 80, les autorités ont entrepris l'extension de l'administration avec la création du district de Bamako ainsi que des régions de Kidal, Koulikoro et Tombouctou. Le processus de décentralisation des années 90, en instituant la libre administration des collectivités territoriales, conduira à une refonte du système d'administration qui aboutira à l'institution des Communes.

D'autre part, la charge des relations internationales du Mali, animées au départ par un assez dense réseau diplomatique, ainsi que l'extension récente de la carte diplomatique du Mali qui obéît au souci de renforcement de la coopération internationale et du resserrement des liens avec la diaspora, contribuent également à accroître les dépenses publiques.

- *Raisons économiques* : Les répercussions des crises économiques internationales sur l'économie malienne ont affecté le niveau des dépenses publiques. Ainsi, l'inflation mondiale qui a suivi le premier choc pétrolier a contribué à accroître le niveau des dépenses de plus de 100% entre 1972 et 1977.

L'économie malienne essentiellement rurale ; elle est tributaire des aléas climatiques dont les instabilités se répercutent sur les finances de l'Etat. Ainsi les années 1973 et 1984 de grande sècheresse ont entraîné un amenuisement considérable des recettes budgétaires. Par contre l'accroissement significatif des recettes budgétaires à la suite du développement de la coton culture et de l'exploitation minière a procuré à l'Etat les moyens d'accroître ses dépenses courantes ainsi que de réaliser des investissements qui contribueront à augmenter sensiblement le niveau des dépenses publiques.

L'accroissement des dépenses publiques résulte également d'une série de réformes économique et monétaire. Les modifications de parité de la monnaie survenus en 1967 et en 1994 ou le changement de la monnaie en 1984 ont, à chaque fois, influé sur l'encours de la dette extérieure du pays, entraînant presque le doublement du service de la dette extérieure du Mali ainsi que le renchérissement du prix des produits importés.

- *Raisons politiques* : L'accroissement des charges publiques tient également à l'expansion de la bureaucratie qui a suivi l'avènement de la démocratie au Mali en 1992. Des institutions nouvelles ont été créées ainsi que diverses structures chargées, dit-on, du bon fonctionnement des règles démocratiques et de l'équité du jeu politique.

D'autre part le jeu des alliances entretenu par un clientélisme sans précédent dans l'histoire du Mali au sein des institutions publiques, conduisant à la création de fonctions de complaisance pour entretenir les alliances politiques. Des dépenses de prestige aussi inopportunes qu'improductives nourrissaient l'affairisme politique. La taille du gouvernement s'est élargie comme jamais. Elle est passée d'une moyenne de 17 ministères pendant une vingtaine d'années auparavant à une trentaine aujourd'hui, sans compter les fonctions assimilées ainsi que la kyrielle d'institutions et de structures de tous genres qui, toutes, fonctionnent exclusivement sur les ressources du Trésor.

**Tableau n°3-3 : Budget fonctionnel en pourcentage du P.I.B. nominal**

| Classes | Catégories | 1984 | 1986 | 1988 | 1990 | 1992 | 1994 | 1996 | 1998 | 2000 | 2002 |
|---|---|---|---|---|---|---|---|---|---|---|---|
| 1 | Services Publics généraux | 1,2 | 1,3 | 1,3 | 1,3 | 1,2 | 2,0 | 2,1 | 1,8 | 1,7 | 2,0 |
| 2 | Défense | 2,1 | 2,2 | 2,4 | 2,1 | 2,2 | 2,1 | 1,9 | 1,8 | 1,9 | 1,7 |
| 3 | Ordre public - Sécurité | 0,1 | 0,1 | 0,1 | 0,1 | 0,1 | 0,2 | 0,2 | 0,2 | 0,6 | 0,6 |
| 4 | Education | 2,7 | 2,5 | 2,6 | 2,3 | 2,5 | 2,3 | 2,2 | 2,1 | 2,5 | 3,1 |
| 5 | Santé publique | 0,6 | 0,7 | 0,7 | 0,6 | 0,7 | 1,0 | 0,7 | 1,1 | 0,7 | 0,7 |
| 6 | Sécurité sociale_ Œuvres Soc. | 0,1 | 0,1 | 0,1 | 0,0 | 0,0 | 0,0 | 0,0 | 0,0 | 0,2 | 0,2 |
| 7 | Logement -Service collectivité | 0,0 | 0,1 | 0,0 | 0,0 | 0,0 | 0,2 | 0,1 | 0,1 | 0,0 | 0,0 |
| 8 | Activité récréat.- Cult.- Religion | 0,1 | 0,2 | 0,2 | 0,1 | 0,1 | 0,1 | 0,2 | 0,1 | 0,3 | 0,3 |
| **9 à 13** | **Services économiques** | **1,5** | **2,0** | **1,9** | **1,9** | **2,4** | **2,2** | **2,4** | **12,3** | **10,9** | **13,5** |
| 9 | Electricité - Gaz | - | - | - | - | - | - | - | - | - | - |
| 10 | Agriculture- Sylviculture -Pêche | 0,4 | 0,7 | 0,5 | 0,6 | 0,6 | 0,6 | 0,6 | 0,4 | 0,5 | 0,4 |
| 11 | Mine - Manuf - Bâtim. Construc. | 0,1 | 0,1 | 0,1 | 0,1 | 0,4 | 0,3 | 0,5 | 0,1 | 0,1 | 0,3 |
| 12 | Transport et communication | 0,2 | 0,3 | 0,3 | 0,2 | 0,2 | 0,1 | 0,2 | 0,1 | 0,2 | 0,1 |
| 13 | Autres services économiques | 0,8 | 0,9 | 1,1 | 1,0 | 1,1 | 1,2 | 1,2 | 11,6 | 10,1 | 12,6 |

| | | | | | | | | | | | |
|---|---|---|---|---|---|---|---|---|---|---|---|
| **14** | **Dépenses non ventilées** | **1,5** | **1,8** | **2,0** | **2,5** | **6,4** | **10,2** | **7,0** | **7,2** | **5,8** | **9,4** |
| | Intérêt Dette publique | 0,0 | 0,0 | 0,0 | 0,0 | 3,9 | 5,6 | 3,8 | 3,3 | 3,4 | 3,3 |
| | Secours | 0,0 | 0,0 | 0,1 | 0,0 | 0,0 | 0,0 | 0,0 | 0,0 | 0,0 | 0,0 |
| | Subventions | 0,1 | 0,1 | 0,1 | 0,1 | 0,2 | 0,0 | 0,0 | 0,1 | 0,1 | 2,1 |
| | Divers NDA | 1,4 | 1,7 | 1,7 | 2,4 | 2,3 | 4,6 | 3,2 | 3,9 | 2,3 | 3,9 |
| | **Total** | **9,8** | **10,8** | **11,2** | **10,9** | **15,6** | **20,1** | **16,7** | **26,6** | **24,5** | **31,6** |

# QUATRIEME PARTIE

# LA POLITIQUE BUDGETAIRE

L'activité économique d'un pays n'est pas toujours linéaire. Elle varie au rythme du potentiel de production économique en fonction de la demande d'une part et, d'autre part, suivant les fluctuations qui affectent la production entraînant tantôt une accélération de l'activité économique -période de croissance- tantôt une baisse - récession économique-. Ces fluctuations économiques provoquent des déséquilibres que les autorités tentent de juguler par la mise en œuvre de politiques appropriées – politiques budgétaire, monétaire ou de change- visant à restaurer l'équilibre économique en vue d'assurer la croissance de la production, le plein emploi des facteurs, la stabilité des prix et l'équilibre des comptes extérieurs.

La politique budgétaire est l'ensemble des mesures prises par les pouvoirs publics pour réaliser les objectifs économiques et sociaux, par l'utilisation des recettes et des dépenses du budget de l'Etat. L'analyse des interventions publiques distingue les mesures délibérées des effets automatiques.

## I- LES MESURES DELIBEREES

Les pouvoirs publics cherchent à influencer le comportement des acteurs économiques par la mise en œuvre d'une politique budgétaire discrétionnaire en se servant des variables instrumentales que sont la dépense publique et la fiscalité dans le but de réguler l'activité économique.

### 1- L'action par la dépense publique

Lorsque l'activité économique est jugée faible, le gouvernement peut la stimuler en augmentant la demande globale par un accroissement de la dépense publique. Cet accroissement peut se traduire par des commandes aux entreprises ou par une augmentation des transferts -paiement d'indemnités ou d'allocations diverses en faveur de certaines catégories de la population : étudiants, jeunes, indigents- pour soutenir la consommation. Suite à cette intervention, si l'offre globale s'ajuste à l'accroissement de la demande, il s'ensuit un accroissement de revenu sans inflation.

Dans le cas d'une politique de relance de l'économie, le respect de l'équilibre budgétaire n'est pas l'objectif du gouvernement. L'accroissement de la dépense publique en vue d'augmenter la production et l'emploi et de rétablir à terme l'équilibre macroéconomique créera au contraire un déficit qui reste légitime tant que l'objectif de recherche de l'équilibre macroéconomique est en vue. Mais il ne se justifie pas au-delà, au risque de déboucher sur l'inflation.

En période de surchauffe, l'Etat peut *a contrario* contribuer à stabiliser l'activité économique en diminuant la dépense publique dans le but de restreindre la demande intérieure.

### 2- L'action par la fiscalité

La fiscalité est une autre variable à la disposition des pouvoirs publics pour infléchir la conjoncture économique. Le niveau de l'impôt déterminant le revenu disponible des entreprises et des ménages, l'allégement de la fiscalité, donc une augmentation du revenu disponible des ménages et des entreprises par les pouvoirs publics vise soit à augmenter la consommation soit à favoriser l'investissement. Inversement, un alourdissement de la fiscalité -surtout indirecte- tend à prendre du pouvoir d'achat aux agents pour réduire la demande effective et freiner l'activité économique.

L'utilisation de la fiscalité aux fins de réguler l'activité économique requiert le ciblage judicieux des catégories sociales bénéficiaires. L'action de régulation conjoncturelle par la fiscalité est un acte qui revêt un caractère éminemment politique en raison du bénéfice des mesures par une catégorie sociale au détriment d'une autre.

## II- LES MULTIPLICATEURS BUDGETAIRES ET LES EFFETS DE STABILISATION

Les interventions publiques de relance peuvent concerner une branche d'activité bien définie. Les investissements opérés par des dépenses additionnelles visent une relance de la production, ce qui favorise la création d'emplois d'où la distribution de revenus qui, une fois consommés, maintiennent une activité économique dynamique.

Grâce au maillage des différents secteurs économiques, l'effet d'une intervention spécifique de relance se transmet à l'ensemble de l'économie d'un pays. L'effet cumulatif de cette intervention sur le revenu national correspond à *l'effet multiplicateur*.

### 1- Les multiplicateurs budgétaires

Les multiplicateurs budgétaires se distinguent en multiplicateur des dépenses et en multiplicateur des recettes.

#### 1-1 Le multiplicateur des dépenses

En cas de ralentissement de l'activité, les autorités, sans modifier la fiscalité, peuvent adopter une politique expansionniste de relance de l'activité économique par des dépenses supplémentaires –d'investissement - ou des transferts divers ou par un abaissement de la fiscalité.

L'effet sur le revenu national de cette dépense additionnelle s'apprécie par la valeur du multiplicateur des dépenses[4]. Plus la valeur du multiplicateur est élevée plus fort est l'effet de la mesure dans l'économie. A cause de la nature du multiplicateur des dépenses, l'accroissement induit de la production est plus que proportionnel à la dépense initiale de l'Etat, c'est-à-dire que les mesures engagées ont produit une large diffusion de l'effet de la dépense budgétaire aux autres secteurs économiques.

---

[4] Pour les démonstrations algébriques sur les multiplicateurs, voir B. Bernier et B. Simon, Initiation à la macroéconomie, Dunod (7ème édition), Paris 1998.

### 1-2 Le multiplicateur fiscal

La fiscalité est un autre instrument à la disposition des pouvoirs publics pour influencer l'activité économique d'un pays. La relance de l'activité économique peut être recherchée par une réduction ciblée des impôts. Si l'on admet que la consommation est fonction du revenu disponible, un allègement de la fiscalité se traduit par une augmentation du revenu disponible qui pourrait être consacré à la consommation ou à l'investissement, et produire un accroissement de revenus suivant un processus d'effets cumulatifs.

Cependant le multiplicateur fiscal produit sur l'économie l'effet inverse du multiplicateur des dépenses. Il mesure l'accroissement du revenu consécutif à un abaissement de la fiscalité. Sa valeur étant inférieure à celle du multiplicateur des dépenses, l'effet multiplicateur sur le revenu d'un accroissement des dépenses est à court terme plus important que celui d'une réduction d'impôts.

### 1-3 Le théorème de Haavelmo

Dans certains cas les pouvoirs publics peuvent intervenir en faisant varier simultanément les recettes et les dépenses, avec l'intention de maintenir le solde budgétaire inchangé. La variation du revenu qui s'en suivra sera du montant de la dépense additionnelle, comme le démontre le théorème de Haavelmo. La valeur du multiplicateur est égale à l'unité. Ceci accrédite l'idée que la recherche de l'équilibre budgétaire réduit l'efficacité d'une politique budgétaire de relance économique.

## 2- Les effets de stabilisation

Les effets de stabilisation sont les réactions des variables budgétaires aux interventions délibérées de régulation des pouvoirs publics. A fiscalité constante, les rentrées budgétaires importantes *-le retour fiscal-* consécutives à des mesures de relance auront tendance à atténuer le déficit budgétaire. Inversement, la baisse de la demande effective résultant d'un alourdissement de la fiscalité entraîne une diminution des revenus et tend à creuser le déficit du budget.

**<u>Encadré n°1</u> : La politique de relance économique par le budget dans les économies en voie de développement**

Dans les pays en développement en général, et en Afrique en particulier, la politique budgétaire doit être envisagée avec discernement compte tenu de la primauté dans les ressources publiques des recettes sur l'exportation des produits de base dont l'instabilité des cours internationaux empêche l'exécution correcte des budgets.

La politique budgétaire doit donc avoir pour souci principal la préservation de l'équilibre macroéconomique. Elle doit reposer en tout temps sur des actions saines et prospectives pour que les mesures prises en période normale ou de forte croissance garantissent aux autorités une marge de manœuvre pour les périodes de difficultés économiques.

Concernant les politiques de régulation conjoncturelle, en réalité rien ne s'oppose à la conduite d'une politique budgétaire expansionniste dans ces pays. Cependant les mesures de relance doivent être envisagées en tenant compte de la disponibilité des facteurs de production ou du niveau d'endettement public.

Dans une économie sous développée, même si le niveau de chômage est élevé, le capital est insuffisant : le tissu industriel est insuffisant à transmettre à l'économie entière les impulsions escomptées d'un accroissement supplémentaire des dépenses publiques. Et l'extraversion des économies doit inciter les gouvernements à la modération pour éviter qu'un accroissement des dépenses publiques n'entraîne un déséquilibre du compte courant du pays.

L'exemple de mesures de relance par la dépense le plus couramment cité est celui de l'investissement public dans la branche du bâtiment et des travaux publics. Les sommes qui y sont injectées ont un effet d'entraînement tant sur l'industrie en général que sur les services en terme d'accroissement de la production et d'augmentation de l'offre d'emploi.

Une action de relance dans un pays en développement, risquerait de se traduire par des fuites vers l'extérieur à cause de la faiblesse du tissu industriel. L'action de relance servirait plus les économies des pays partenaires que la production locale. Elle entraînerait un accroissement des importations, qui détériorerait les comptes extérieurs du pays concerné.

Cependant le risque de relance des économies des partenaires du fait d'une politique expansionniste isolée est limité lorsqu'il existe une interdépendance entre les économies des pays de l'union. Les pays étant liés par leurs importations et leurs exportations, la croissance de chacun d'eux dépend de celle des autres, en proportion du volume de ses échanges intracommunautaires.

Depuis environ une décennie, avec le triomphe de la doctrine néolibérale sur l'économie planifiée le rôle de l'Etat dans l'activité économique s'amenuise. Avec le lancement des regroupements économiques régionaux à peu près sur tous les continents, les ratios de finances publiques des pays sont sous la surveillance des institutions multilatérales de financement ou des institutions communautaires qui, soucieuses de la préservation des équilibres macroéconomiques, édictent des règles de discipline budgétaires en fixant des normes de déficits budgétaires. Cette limitation de niveau des déficits publics rend difficile le recours aux composantes du budget comme instrument de régulation économique.

De plus la manipulation du budget reste une opération délicate. Elle requiert, par exemple, des conditions excédentaires des facteurs de production, une bonne compréhension du cycle pour le choix de l'instrument approprié afin que l'intervention ne produise un effet pro cyclique qui accentuerait un déséquilibre. Le degré d'ouverture de l'économie d'un pays est un autre facteur qui conditionne la réussite de l'intervention de régulation. Il favorise la concurrence avec les entreprises des pays partenaires. Car si le but d'une mesure de relance de l'économie est de stimuler la production intérieure, le contexte actuel de libéralisation des échanges marqué par l'abattement des barrières protectionnistes favorise peu les mesures isolées de soutien à la production intérieure d'un pays.

La plupart des politiques mise en œuvre actuellement visent les objectifs d'accroissement de la production mais avec des paramètres publics maîtrisés. Et l'Etat dispose de plusieurs instruments pour conduire sa politique. La primauté d'une variable de commande sur les autres sera fonction de la conjoncture économique. Si par le passé des variables instrumentales différentes se combinaient pour le même objectif de politique économique, la gestion moderne - la règle d'affectation- assigne à la politique monétaire l'objectif de maîtrise de l'inflation et à la politique budgétaire la gestion de la production. Cette dualité implique l'indépendance affirmée de l'autorité monétaire vis-à-vis d'un gouvernement tant d'un Etat que dans une union monétaire.

**Encadré n°2 : La politique budgétaire et la critique de la régulation**

Les économistes classiques assignaient au budget de l'Etat la fonction essentielle de lever l'impôt afin de procurer aux pouvoirs publics les ressources nécessaires à l'accomplissement des missions de service public (défense nationale, sécurité, justice, administration). Le secteur privé étant jugé plus qualifié que l'Etat dans la production et les échanges, ce dernier ne devait pas s'occuper d'activités marchandes.

Les classiques défendaient l'idée de finances neutres et légères avec un budget annuel équilibré, sans déficit susceptible d'engendrer l'inflation ou la banqueroute pour l'Etat. Tout excédent est considéré comme un excès des prélèvements opérés par les services publics sur les contribuables.

Avec la crise de 1929, les thèses keynésiennes reconnaîtront à l'Etat un rôle économique de régulateur de l'activité économique. En conséquence, le budget de l'Etat sera utilisé comme moyen de restaurer l'équilibre macroéconomique.

Les économistes néo-libéraux n'exemptent pas de critique la politique budgétaire de régulation conjoncturelle. Ils attribuent une efficacité marginale aux interventions délibérées des pouvoirs publics aux fins de régulation conjoncturelle. Une politique budgétaire expansionniste de soutien à la demande par un accroissement des dépenses publiques influerait négativement sur la balance des paiements d'un pays ainsi que sur les taux d'intérêt.

L'accroissement de la dépense publique se répercuterait sous forme de demande supplémentaire de biens qui détériorerait la solde des opérations commerciales et engendrerait l'inflation. En plus l'aggravation du déficit budgétaire se traduirait par un endettement croissant de l'Etat qui aurait pour effet la hausse des taux d'intérêt et l'éviction financière.

D'après les économistes néo-libéraux, la politique budgétaire doit être conçue dans le long terme en s'insérant dans une perspective d'accroissement de la masse monétaire. Ils opposent à la politique de gestion de la demande d'inspiration keynésienne la politique d'accroissement de la production appelée "*économie de l'offre* ».

L'économie de l'offre modifie durablement le partage des activités entre secteur public et privé en soutenant les secteurs jugés prioritaires. Elle prône des mesures visant l'allègement de la fiscalité sur les revenus, l'incitation à l'épargne et à l'investissement, l'amélioration de la productivité.

Les thèses du professeur Arthur Laffer sur la productivité de l'impôt, illustrée par la courbe dite de Laffer, ont largement inspiré les politiques économiques d'allègement de la fiscalité aux Etats-Unis et en Angleterre durant les années 80 afin de favoriser une activité économique dynamique.

## III- LA POLITIQUE BUDGETAIRE DE L'UEMOA

L'Union Economique et Monétaire Ouest Africaine -UEMOA- a été créée en 1994 sur les traces de l'ancienne Union Monétaire Ouest Africaine -UMOA-. Ses structures et son mode de fonctionnement sont inspirés de ceux de l'Union Européenne. Elle a pour objectif de réaliser une zone de libre échange en asseyant l'union monétaire sur une union économique qui favorise l'accroissement de la production dans un environnement concurrentiel stable.

L'objectif d'intégration fixe des étapes et des échéances. Il recommande aux pays membres l'harmonisation des règles et des procédures dans divers domaines de l'activité économique ainsi que des finances publiques. Il engage formellement les Etats membres de l'Union à respecter le « Pacte de convergence, de stabilité, de croissance et de solidarité entre les Etats membres de l'Union Economique et Monétaire Ouest Africain ».

Le Pacte établit des indicateurs économiques et financiers ainsi que des ratios dont l'observance durant une période dite phase de convergence est censée créer les conditions de stabilité dans la zone. Chaque Etat membre élabore des programmes pluriannuels de trois ans (1999-2002) -Règlement n°11/99/CM/UEMOA-, comprenant un ensemble de mesures de restauration de l'équilibre budgétaire, programmes qui font l'objet d'évaluations régulières par la Commission de l'Union dans le cadre de la surveillance multilatérale.

### 1- Les objectifs de la politique budgétaire de l'UEMOA

Les indicateurs économiques retenus dans le Pacte visent à établir un cadre macroéconomique sain : limitation des déficits budgétaires, maîtrise de l'inflation, maintien de l'endettement public dans des proportions compatibles avec les capacités de remboursement d'un Etat, restauration de l'équilibre des comptes extérieurs de l'Union.

Au plan budgétaire, les directives communautaires recommandent aux Etats l'exécution de budgets équilibrés. Elles invitent les Etats membres « *à mettre en œuvre des programmes visant à maintenir une situation budgétaire équilibrée ou excédentaire, leur permettant de faire face aux fluctuations conjoncturelles. Ils devront, en situation normale, dégager des excédents leur permettant de redonner à la politique budgétaire son rôle contracyclique.* » La politique contracyclique est une politique de régulation conjoncturelle tendant à compenser les variations cycliques de l'activité économique. Elle concilie discipline budgétaire et flexibilité des composantes du budget. En politique contracyclique, l'équilibre budgétaire est recherché sur une certaine période -la durée du cycle par exemple-.

La politique contracyclique repose sur les stabilisateurs économiques. En phase de croissance économique, les excédents conjoncturels d'un budget présenté en équilibre ont vocation à compenser les déficits des périodes de contraction de l'activité économique. Par ailleurs les excédents structurels résultant de la croissance de l'économie conformément à son potentiel pourraient être planifiés soit pour constituer des réserves en vue de financer les priorités du gouvernement pour l'avenir ou pour couvrir d'éventuels déficits budgétaires futurs, soit pour anticiper le remboursement des dettes de l'Etat, dans tous les cas pour offrir aux autorités une marge de manœuvre pour l'avenir.

Dans ce second cas, une règle de gestion durable des finances publiques qui requiert la sagesse doit prévaloir chez les gouvernants en ce qui concerne l'utilisation des excédents budgétaires conjoncturels. Mais dans la réalité, en période d'embellie économique, il est rare de réaliser un accord parfait sur la conduite à tenir, comme l'illustre en 2000 et 2002 les mésententes au sein de la classe politique et entre celle-ci et les cercles économiques aux Etats Unis et en France sur la répartition de la « *cagnotte fiscale* » -excédent budgétaire-. Certains préconisant d'anticiper le remboursement de la dette publique, d'autres suggérant un effort de redistribution de la richesse au bénéfice des catégories sociales à faible revenu, les entrepreneurs, enfin, exhortent les pouvoirs publics à un allègement de la fiscalité pour favoriser l'investissement et la modernisation des entreprises.

### 2- Les critères de convergence

Les données macroéconomiques des pays de l'UEMOA doivent satisfaire, au 31 décembre 2002, à un ensemble d'indicateurs appelés critères de convergence relatifs aux finances publiques, à la balance des paiements et à la monnaie. Ces indicateurs de performance comportent des normes. Ils sont classés en critères de premier rang et en critères de second rang.

**Les critères de premier rang.** Ce sont ceux « *dont le non respect entraîne la formulation explicite de directives par le Conseil demandant à l'Etat membre concerné, d'élaborer et de mettre en œuvre un programme de mesures rectificatives* ». Ils portent sur les indicateurs suivants :

- le ratio du solde budgétaire de base rapporté au P.I.B. nominal (**critère *clé)*** ;
- le taux d'inflation annuel moyen ;
- le ratio de l'encours des dettes intérieure et extérieure rapporté au P.I.B. nominal ;
- les arriérés de paiement des dépenses publiques.

**Les critères de second rang** sont « *des repères structurels indicatifs qui font l'objet d'un suivi rigoureux à cause du rôle déterminant qu'ils jouent dans la réalisation de l'objectif de viabilité interne et externe des économies.* ». Ils se composent :

- du ratio de la masse salariale sur les recettes fiscales ;
- du ratio des investissements publics financés sur ressources internes rapportés aux recettes fiscales ;
- du ratio du déficit extérieur courant hors dons par rapport au P.I.B. nominal ;
- du taux de pression fiscale.

Les critères de convergence doivent être réalisés par l'ensemble des Etats membres de l'Union dans les conditions édictées par le Règlement n° 11. La mise en œuvre des programmes y afférant comporte deux phases :

- la phase de convergence qui s'étend du 1er janvier 2000 au 31 décembre 2002 ;
- la phase de stabilité qui commence le 1er janvier 2003.

Au terme de la période de convergence, les économies des pays membres devront atteindre la phase de stabilité macroéconomique : l'ensemble des normes édictées dans l'Acte additionnel n°4 devra être réalisé, ainsi que l'harmonisation des textes nationaux par la transposition des Directives communautaires relatives aux lois de finances, à la nomenclature comptable ainsi qu'à la nomenclature budgétaire de l'Etat.

**Encadré n°3 : Extrait « Acte additionnel n° 04/99 UEMOA »**

**Article 17**.

Les critères de convergence sont constitués des critères de premier rang et des critères de second rang.

**Article 18**.

Les critères de premier rang sont au nombre de quatre (4). Ils se présentent comme suit :

- Ratio du solde budgétaire de base rapporté au P.I.B. nominal **(critère clé)** : il devrait être supérieur ou égal à **0%** en l'an 2000 ;
- Taux d'inflation annuel moyen : il ne devrait être supérieur à **3%** au maximum par an ;
- Ratio de l'encours de la dette intérieur et extérieur rapporté au P.I.B. nominal : il ne devrait pas excéder **70%** en l'an 2002 ;

- Arriérés de paiement :

**-Intérieurs :**

**non accumulation** d'arriérés sur la gestion de la période courante.

**-Extérieurs :**

**non-accumulation** d'arriérés sur la gestion de la période courante.

**Article 19.**

Les critères de second rang, au nombre de quatre (04) sont les suivants :

- Ratio de la masse salariale sur les recettes fiscales : il ne devrait pas excéder **35%** en l'an 2002.
- Ratio des investissements publics financés sur ressources internes rapportés aux recettes fiscales : il devrait atteindre au moins **20%** en l'an 2002.
- Ratio du déficit extérieur courant hors dons par rapport au P.I.B. nominal : il ne devrait pas excéder **5%** en l'an 2002.
- Taux de pression fiscale : il devrait être supérieur ou égal à **17%** en l'an 2002.

L'examen des comptes prévisionnels agrégés[5] des pays de l'UEMOA au titre de l'exercice 2002 nous indique que les données macroéconomiques restent globalement en deçà des critères de convergence[6]. Les projections révèlent une détérioration de la plupart des ratios dont le *critère clé :* un déficit global des finances publiques de -1,2%, un ratio de l'encours de la dette au P.I.B. de 94,2%, une accumulation des arriérés de paiement intérieurs et extérieurs et un taux global d'inflation de 4,5%. Aucun pays ne satisfera les critères de convergence le 31 décembre 2002. C'est dire que l'Union n'atteindra pas la phase de la « stabilité macroéconomique » à la date prévue.

D'autre part la transcription par les Etats des directives communautaires, censée survenir en 2000, demeure encore en chantier dans toute l'Union. Elle bute sur des susceptibilités locales et les amendements et les adaptations locales que chaque pays compte y apporter tendent à les altérer en dépit de leur caractère supranational. En tout cas l'accumulation des retards accusés dans la transposition des directives ajoutée à l'incapacité des Etats à respecter le délai de la convergence, repousse le terme de la phase de stabilité projetée. D'ailleurs la Commission de l'Union n'a pas attendu la production des comptes définitifs des pays membres au 31 décembre 2002 pour reporter l'échéance de la convergence à 2005. Mais à mi-chemin de cette échéance, la perspective globale pour les économies de la sous région d'améliorer leurs résultats présents ne semble pas très favorable. Une nouvelle échéance pour la convergence semble inéluctable.

La difficulté pour les pays de satisfaire les critères de convergence a été justifiée par l'instabilité des cours des matières premières dont les baisses ont constitué autant de perte de recettes pour les finances publiques des Etats dont les déficits ont quelque peu terni les bons résultats économiques obtenus après la dévaluation monétaire. Car la plupart des pays de l'Union connaissaient une situation économique et financière acceptable après la dévaluation de 1994 : les recettes d'exportation ont procuré aux Etats d'importantes ressources budgétaires que l'instabilité des cours internationaux des matières premières en 1999 a vite annihilées.

---

[5] Cf. UMOA, BCEAO, Notes d'information et Statistiques, décembre 2001

[6] Comité de convergence, Rapport aux ministres des Finances de la zone Franc, Abidjan, avril 2001

Mais ce facteur exogène ne peut justifier entièrement l'état des comptes publics. Il existe des raisons endogènes à la dégradation des finances publiques des pays de l'UEMOA, notamment le contexte politique dans la sous région. En effet, entre 2000 et 2002, la plupart des gouvernements entraient en période préélectorale, propice aux dépenses de toutes sortes. Le relâchement de la discipline budgétaire qui a découlé de ces élections a favorisé la dégradation des critères précédemment acquis. La persistance du non respect des ratios de convergence posera à terme la question de la crédibilité des Etats à tenir leur engagement de créer une zone de libre échange viable.

Pourtant malgré cet insuccès de l'UEMOA à réaliser les conditions d'une intégration viable, voilà que les chefs d'Etat de la sous région posent en décembre 1999 la question d'une intégration plus large et plus complexe à l'échelle de l'Afrique de l'Ouest. L'approche préconisée pour ce faire est la constitution de deux zones monétaires -donc une nouvelle à côté de celle de l'UEMOA-, qui fusionneraient en janvier 2004 pour constituer une seule zone monétaire sur le territoire de la CEDEAO. Ainsi le Nigéria, le Libéria, la Guinée, la Sierra Léone, la Gambie, le Ghana et le Cap Vert ont décidé en 1999 de la mise en place d'une *« seconde zone monétaire »*, dénommée la Zone Monétaire de l'Afrique de l'Ouest (ZMAO) et de son institut d'émission, l'Institut Monétaire de l'Afrique de l'ouest.

Le projet d'intégration de la CEDEAO fixe autant de critères de convergence avec un calendrier de mise en œuvre avant la fusion des deux zones.

**Critères de 1^er^ rang :**

-déficit budgétaire hors don sur PIB, inférieur à 4% ;

-un taux annuel d'inflation inférieur à 5% ;

-financement du déficit budgétaire par la Banque centrale inférieur ou égal à 10% des recettes fiscales de l'année précédente;

- réserves brutes de change supérieures ou égales à 6 mois d'importation ;

**Critères de second rang :**

-Arriérés : interdiction de nouveaux arriérés et apurement des anciens arriérés ;

-ratio de recettes fiscales sur PIB supérieur ou égal à 20% ;

-ratio des investissements publics financés sur ressources internes /recettes fiscales, supérieur à 20% ;

-ratio de la masse salariale sur recettes fiscales inférieur ou égal à 35% ;

-stabilité du taux de change réel ;

-taux d'intérêt réel positif.

L'intégration économique, resserrement des relations économiques extérieures des pays, vise la constitution d'un espace économique ouest africain unique, exempt de barrières commerciales entre les pays membres, dans lequel circulent librement les personnes, les biens et services ainsi que les capitaux. Elle favorise le développement des entreprises nationales dont le marché s'élargit à la sous région et elle leur permet de réaliser des économies d'échelle par l'accroissement de leur production, de diversifier leur production et de stimuler la croissance des économies des pays membres et d'augmenter le niveau de vie des populations.

Au plan monétaire, l'union monétaire recherche la création *d'une aire monétaire optimale*, c'est-à-dire un espace où les taux de change des monnaies sont stables. L'établissement d'un système de taux de change fixe entre les monnaies vise à procurer aux opérations *un gain d'efficience monétaire* - avantage réalisé dans une opération en évitant les incertitudes et la confusion ainsi que le coût élevé des transactions résultant des changes flottants.

Au plan budgétaire, des déficits publics importants, conséquence d'une demande publique élevée, risquent aussi de générer l'inflation qui, au-delà des normes requises, détériore le taux de change de sa monnaie. Le resserrement des relations entre pays favorise la communication de ces perturbations aux économies partenaires qui en pâtiraient également.

Les justifications répondant aux dimensions sociale, économique et politique recherchées dans une intégration existent bien en Afrique de l'ouest. En plus chaque pays de la sous région possède un atout à faire valoir au bénéfice de l'ensemble. Toutefois, au regard des situations politique et économique dans l'union, l'UEMOA comme la CEDEAO présentent l'une et l'autre des calendriers de la convergence optimistes et des exigences en déphasage avec les performances économiques actuelles des pays membres.

En adoptant la règle de l'équilibre budgétaire strict et en en faisant le critère clé de la convergence, les Etats de l'UEMOA se sont délibérément privés de l'éventualité de recourir à une politique budgétaire de relance par la création de déficit budgétaire. Que dire des influences conjoncturelles sur le solde budgétaire de pays dont les économies sont sans grand potentiel de croissance ?

La CEDEAO a quelque peu atténué la règle dogmatique de l'équilibre budgétaire en autorisant un plafond de déficit de 3% du PIB, mais elle a à son tour a adopté un autre critère, celui des réserves brut de change couvrant six mois d'importation, trop ambitieux pour des pays sans production garantissant de revenus d'exportation stables. En effet l'accumulation de réserves en devises nécessite l'existence d'entreprises dont la production est orientée vers l'exportation. Une telle performance ne peut être exigée de produits de base dont le mondial est fluctuant. Faute d'entreprises orientées vers l'exportation, l'exigence de réserves de change requiert des mesures structurelles sur l'économie d'un pays, donc des mesures de longue période alors que la convergence fixe un délai de court terme.

En la situation actuelle des pays de la CEDEAO, pareils résultats seront impossibles à atteindre dans le délai prescrit car le niveau des réserves brut en devises fixé est au-delà des capacités d'exportation des économies d'Afrique de l'Ouest. D'ailleurs la plupart des organismes internationaux de développement estiment des réserves de change couvrant trois mois d'importation comme une marge largement convenable pour assurer à un pays la couverture des ses obligations de paiement extérieur. Hormis quelques pays pétroliers, l'Afrique du Sud et le Botswana, pays minier à la réputation établie pour la bonne gestion des affaires publiques, quels autres pays africains disposent constamment de réserves aussi importantes?

Pourquoi alors se fixer des critères et des délais hors de portée, sinon qu'à tenter les pouvoirs politiques et comptables nationaux des pays à monter des comptes erronés pour satisfaire les exigences communautaires? Auquel cas, à terme, tous les pays auraient « satisfait » les normes de convergence requises, mais l'Union ne serait pas en phase de stabilité macroéconomique.

Pour réellement réussir son projet d'intégration, la Communauté Economique des Etats de l'Afrique de l'Ouest doit s'inspirer des enseignements du processus engagé au sein de l'UEMOA qui réunit plus d'atouts pour réaliser un regroupement économique : le leadership de la Côte d'Ivoire -un tiers du PIB de la sous région qui lui confère une responsabilité majeure au sein de l'Union-, le capital d'un précédent regroupement - la Communauté Economique de l'Afrique de l'Ouest- avec des projets communs aux Etats membres et une monnaie commune, le franc Cfa; l'utilisation d'une langue de communication qui facilite les échanges. Cependant tous ces avantages n'auront pas suffit à réaliser les conditions d'une union viable à l'échéance fixée.

Le processus d'intégration économique en cours a besoin d'un peu d'originalité en se trouvant un ensemble de valeurs et de raisons pour fédérer les économies de l'Afrique de l'ouest. Sinon la poursuite du processus d'union économique dans sa forme actuelle qui ne suscite pas le développement des productions nationales signerait la fin de la production industrielle africaine et, par la même occasion, de la présence de l'Afrique en tant que continent majeur dans les grands regroupements continentaux qui se dessinent.

L'argument capital avancé d'un espace socio-économique de 240 millions de consommateurs pour justifier l'intégration est certes alléchant, mais peu consistant puisque cet espace socio-économique existe depuis trente qu'existe la CEDEAO, pour quel résultat ! Les entreprises nationales n'ont pas la maîtrise de leur marché. Ensuite l'activité économique en Afrique de l'Ouest repose sur le négoce ou sur des produits de base destinés à l'exportation. Et les échanges intracommunautaires restent faibles et ils reposent sur un faible nombre de ces produits. D'autre part le parc industriel Ouest africain est composé majoritairement d'unités – presque toutes semblables- de reconditionnement de produits semi finis importés à faible valeur ajoutée. Même la production de pétrole nigérian qui aurait pu dominer le marché ouest africain reste faible dans les échanges sous régionaux.

Et pourtant il existe des centres d'intérêt commun pour soutenir une entreprise d'intégration économique: trois fleuves nourriciers -Niger, Sénégal et Mano- ont, des siècles durant, naturellement fédéré les peuples riverains qui y ont toujours circulé librement, sans passeport, et ont échangé leurs biens. Fonder un regroupement sur cette ressource semble d'autant plus justifié qu'il permet aux Etats de l'Afrique de l'ouest de réunir leurs moyens en vue de l'exploitation de potentialités immenses dont regorge le sous-sol de leur pays, et du développement concomitant d'activités économiques diverses s'étendant de la production énergétique au développement des transports, de l'exploitation agricole à l'industrie.

La dimension sociale de l'intégration devra conduire au dépassement des vues égocentriques et renforcer le sentiment de communauté de destin des peuples ouest africains solidaire d'une ressource dont la pérennité conditionne la leur. Que chaque pays membre de la Communauté ne tienne pas à posséder son petit barrage hydroélectrique ou son petit chenal navigable. Que des infrastructures de taille critique soient réalisées en fonction des potentialités de chaque pays pour satisfaire aux besoins communs des pays. Trois ou quatre barrages de dimension respectable ne pourraient-ils pas assurer la production électrique et l'approvisionnement énergétique des pays à travers un réseau électrique interconnecté, assurer l'irrigation de terres de cultures de façon à développer le potentiel agro-industriel de la région au moment où les débats engagés à l'Organisation mondiale du commerce sur la suppression des aides à la production agricole et les subventions à l'exportation dans les pays développés offrent aux agriculteurs africains une chance de présence sur le marché mondial ? Par la même occasion la régulation du cours des fleuves ne pourrait-elle pas réaliser la liaison des villes en assurant une interconnexion des réseaux routier, ferroviaire et fluvial qui mailleraient l'ensemble des pays de la sous région ?

Une intégration économique réussie devra poser la question de la rationalisation des organismes d'intégration en Afrique de l'Ouest. En somme huit organismes d'intégration s'y chevauchent, sans relation inter-organisationnelle, prémisse d'une volonté fédératrice à plus grande échelle. Quatre organisations sous régionales de développement s'occupent de l'exploitation et de la gestion de ressources naturelles : l'Organisation pour la mise en valeur du fleuve Sénégal, l'Autorité du Bassin du fleuve Niger et la Mano river Organisation, le Liptako Gourma. Deux institutions - l'UEMOA et la CEDEAO- pilotent parallèlement le processus d'intégration économique sous régionale, toutes deux animées par des structures semblables : deux parlements, deux commissions ou presque ainsi que deux instituts monétaires. Des prélèvements communautaires quasi identiques sont opérés pour le compte de chacune des institutions. Que d'économies en ressources -humaines et financières -réaliserait-on en définissant des objectifs cohérents et en fusionnant toutes ces organisations en une structure unique plus efficiente!

Au regard de l'agenda d'intégration établi, le processus des « *deux zones monétaires* » paraît bien en retard. Trois ans après le lancement du programme d'intégration monétaire de la CEDEAO, les Etats tardent à transposer les directives communautaires en lois nationales et aucun pays des deux zones monétaires ne satisfait aux critères de convergence. En conséquence, à l'instar de l'UEMOA, l'échéance de la période de convergence économique au sein de la CEDEAO a été repoussée au 1$^{er}$ juillet 2005. Même cette échéance ne devrait pas être tenue.

Il conviendrait de reconsidérer l'agenda actuel du grand marché et de la monnaie commune ouest africaine et de reformuler les critères de convergence. La Communauté prescrirait aux « *deux zones monétaires* » une date butoir, réaliste, pour la convergence économique. Pendant la période de convergence chaque Etat garderait sa monnaie -le franc Cfa pour les pays de l'UEMOA et les monnaies nationales pour les autres- jusqu'à la satisfaction des critères d'adhésion, ce qui exige de chaque pays des efforts de discipline budgétaire et monétaire. Pendant la période citée la surveillance des organes de gestion de la Communauté - Banque centrale et Commissions- s'exercerait sur les économies des pays pour en suivre l'évolution et les accompagner vers les normes requises. Les deux zones monétaires devraient coexister un certain temps jusqu'à l'affermissement des politiques communautaires.

Au terme de la période de convergence c'est l'objectivité qui doit prévaloir sur toute critère de appartenance géographique à la région ouest africaine. Les pays adhérents au regroupement ultime se retrouveraient sur la base uniquement des critères de convergence. La CEDEAO serait alors entièrement constituée de pays ayant objectivement rempli les conditions de convergence, et les autres seraient recalés. Puisqu'un pays ne peut être exclu de l'UEMOA pour ne pas avoir satisfait les conditions de convergence, seule le nouveau regroupement dont la construction est inachevée est en mesure d'exclure les pays aux performances insuffisantes, ceci pour ne pas exposer leurs partenaires aux risques d'instabilité économique et monétaire que coure leur économie. Alors les membres de l'UEMOA qui se retrouveraient recalés pourraient toujours développer des politiques sectorielles compatibles, tout en avançant dans la quête de la stabilité macroéconomique. En plus, l'espace économique unique étant un marché sans frontières intérieures où circulent librement les personnes, les biens et les capitaux, qui a vocation intensifier les échanges économiques entre pays membres, lorsque l'économie d'un pays donné présente des faiblesses structurelles par rapport à ses partenaires, il risquerait de se produire une inégalité dans ses échanges avec ses partenaires. Les entreprises concurrentes des autres, plus compétitives, assujettiraient son marché avec toutes les conséquences imaginables en termes de déstructuration de son tissu de production. Avant d'entrer dans l'espace économique unique, les pays faibles devront réellement mettre leur économie à niveau de celle de leurs partenaires pour éviter la domination de leur marché.

La construction communautaire nécessite le leadership d'un pays que le Nigéria semblerait indiqué à occuper en raison de son potentiel économique ainsi que de son poids politique. Mais la stabilité économique lui manque encore pour assumer le leadership de la Communauté, à l'image de la Côte d'Ivoire d'antan au sein de l'UEMOA. En le comparant à l'ensemble de l'UEMOA, le Nigéria est un grand Etat : 28,2 milliards de dollars de dette extérieure en 2002 contre environ 24,7 de dette consolidée pour l'ensemble des Etats de l'UEMOA, dont 10,9 pour la Côte d'Ivoire ; 100 millions d'habitants, soit environ la moitié de la population de la sous région. Il va de soit que l'ampleur des déséquilibres macroéconomiques d'un grand Etat suscite chez ses partenaires des réelles inquiétudes quant à l'effet de débordement sur leur économie de chocs exogènes, surtout que le Nigéria dont la production reste peu diversifiée, est exposé à des risques d'instabilité du fait que l'essentiel de ses revenus provient de la production de pétrole dont le cours est volatile. En union monétaire chaque pays bénéficiant des avantages de la qualité de la monnaie commune que tous se doivent de sauvegarder, pour quelle raison le Sénégal et l'UEMOA, de façon générale, accepteraient-ils aujourd'hui de compromettre le taux de change du Cfa en s'exposant à des risques d'instabilité[7] ?

La libre circulation des biens et des facteurs au sein de la zone gagnerait à la contiguïté géographique des pays qui communiqueraient sans entrave. Et pour les raisons citées plus haut, l'adhésion du Nigéria avec la première cohorte est tout aussi souhaitable. Du fait qu'aujourd'hui ce sont des réponses globales

[7] Depuis la crise persistante en Côte d'Ivoire, le Sénégal est le pays dont l'économie est la plus stable malgré le manque de ressource naturelle extraordinaire. Le pays est relativement bien géré et il a la confiance des investisseurs qui ont reporté sur lui bon nombre d'initiatives précédemment destinés à être réalisés en Côte d'Ivoire.

qui sont données aux problèmes globaux, l'influence politique relative du Nigéria sur la scène internationale pourrait faire porter plus loin la position de la Communauté sur les thèmes de dimension mondiale.

Mais si l'adhésion du Nigéria est souhaitable pour assurer un leadership à l'organisation, elle ne serait viable qu'aux conditions objectives d'adhésion, à charge pour le pays d'assainir son économie dans son intérêt propre d'abord et pour le bien de ses partenaires. Le plus important dans ce processus n'est pas forcément le bénéfice pour la sous région de l'influence politique ou démographique d'un pays, mais l'impulsion qu'il donnerait au développement global de la zone par l'effet de synergie.

Au moment où s'engage un ixième processus d'intégration en Afrique de l'Ouest, après celles inachevées de la CEAO et de l'UMOA et parallèlement à l'UEMOA, l'actuel devra être préparé à réunir les conditions de la réussite, et éviter les recommencements infinis qui entretiennent le sentiment de désespérance des africains et d'une partie de la communauté internationale, désemparés face au manque de développement de l'Afrique. Les leaders africains devront se convaincre que l'intégration est un processus long et difficile qui exige du réalisme dans la détermination des objectifs.

Du point du modèle d'intégration, la CEDEAO, comme l'UEMOA, transpose le modèle de l'Union Européenne comme pour admettre que ce qui est bon pour l'Europe est aussi bon pour l'Afrique. Si ce modèle est aujourd'hui séduisant, il convient de rappeler qu'il se forge dans la discipline depuis cinquante ans et qu'il avance dans un esprit consensuel certes mais aussi dans un débat d'idées fécond depuis le Traité fondateur de Rome jusqu'au Traité de Maastricht. Mais pour la classe politique africaine et la société civile les choses semblent aller de soi, il n'existe pas de débat alors que des questions majeures du processus d'intégration appellent à la réflexion, à savoir la base de l'intégration, la validité des échéances de convergence, la question de la monnaie unique – pourquoi une seule monnaie au lieu de deux du moins durant un certain temps-, l'efficacité des institutions communautaires –la CEDEAO fêtera 30 ans d'existence en 2005 et l'UEMOA a déjà 10 ans- qui ne sont soumises à aucun contrôle ni évaluation alors que le maître mot dans tous les Etats est l'évaluation de l'action publique à pour en mesurer l'efficacité.

Outre l'UE, le processus d'intégration actuellement en cours en Asie adopte une démarche sage et pertinente économique dont l'Afrique doit intégrer l'expérience d'une démarche plus probante d'intégration en raison de la ressemblance relative des conditions économiques et sociales entre les deux zones. L'*ASEAN* -Association des Nations du Sud-est Asiatique[8]-, prône sensiblement les mêmes objectifs de développement économique que la CEDEAO, d'essor social de peuples ainsi que de coopération active entre les pays membres sur les sujets d'intérêt économique, social, administratif, technique et scientifique.

Mais contrairement aux Etats d'Afrique de l'Ouest, et en dépit du dynamisme d'ensemble de leur économie et de la prospérité de certains pays, les nations du sud-est asiatique ne manifestent pas d'empressement excessif à la création d'un espace économique unique. Les pays de l'ASEAN prennent le temps nécessaire à la création d'une zone de libre échange totale. Ils ont fixé l'échéance de convergence à 2020 pour éviter de déstabiliser les économies –Viêt-Nam, Laos, Cambodge, pays agricoles- présentant une différence de structure économique notoire avec les *« Dragons »* - Indonésie, Singapour, Malaisie-, plus industrialisés, et créer à terme une zone de libre échange structurellement homogène, constituée d'économies fortes, capables d'affronter la concurrence. Elle prône l'ouverture graduelle des marchés intérieurs par branche d'activité d'abord et à terme le marché libre.

Par ailleurs, au plan politique, la sous région reste instable du fait des conflits armés civils et interétatiques. L'exemple européen nous instruit que l'esprit de la première Communauté du charbon et de l'acier en Europe était de bâtir une coopération économique et politique qui rendrait la guerre improbable entre l'Allemagne et la France. Donc la sérénité politique est essentielle à la coopération économique. En conséquence, les leaders de l'Ouest africain doivent prendre le temps nécessaire à l'instauration de la paix civile au sein des Etats et entre les différents de la Communauté.

Le processus d'intégration en Asie du sud-est instruit aux africains la patience comme vertu capitale pour la maturation des projets engagés et le réalisme dans la définition des objectifs. Pour mener à bien le processus en cours, les pays africains doivent

---

[8] L'ASEAN regroupe dix pays à savoir l'Indonésie, la Malaisie, les Philippines, Singapour, la Thaïlande, Brunei, le Viêt-Nam, la Birmanie, le Laos et le Cambodge.

conduire des programmes de convergence économique cohérents dans leurs objectifs ainsi que dans leur agencement[9]. L'empressement actuellement exprimé par certains dirigeants à « sauter » la phase de la convergence économique, au besoin par le maquillage des comptes publics, est un leurre qui ne contribue qu'à rendre l'union économique plus précaire. Le processus d'intégration exige des dirigeants des actions conscientes et volontaires de redressement en préservant au mieux la stabilité politique des pays, et en évitant aux populations les frustrations des arbitrages sévères entre la quête de stabilité macroéconomique et la responsabilité des fonctions sociales des Etats. L'aboutissement des réformes qu'exigent les conditions d'une intégration économique viable demande du temps et elle doit d'être conduite à un rythme raisonnable.

[9] Concernant la période de convergence il a y lieu d'éviter l'amalgame entre les échéances des programmes. Le délai globalement imparti aux Etats pour la convergence économique est de 3 ans, période de temps nécessaire pour conduire une politique de stabilisation, mais non pour des mesures structurantes sur l'économie qui, vraisemblablement, ne sont susceptibles de se réaliser qu'à long terme, à l'effet d'accroître la production et de modifier le rapport des échanges avec l'extérieur et de permettre la constitution de réserves de change capables de couvrir les importations du pays réglées en devises.
Par ailleurs, l'entrée en vigueur du Tarif extérieur commun et, simultanément, l'exigence de relèvement du taux des prélèvements obligatoires sont deux mesures aux résultats incompatibles puisque l'abaissement des tarifs douaniers entraîne logiquement une baisse des recettes fiscales des pays qui tirent une part substantielle de leurs ressources du commerce extérieur.

## IV- LA POLITIQUE BUDGETAIRE DU MALI ET LES CRITERES DE CONVERGENCE

L'organisation de l'économie du Mali était inspirée du système d'économie socialiste, caractérisé par la présence prépondérance de l'Etat dans l'activité économique à travers les entreprises publiques. La faible performance de ces entreprises, les déficits de finances publiques et, plus tard, les répercussions des crises internationales ont provoqué des déséquilibres macroéconomiques qui ont provoqué dès 1964 par une crise de l'endettement extérieure.

Pendant longtemps, les rééchelonnements de dette et l'aide extérieure ont été les seules ressources qui ont permis l'exécution convenable du budget de l'Etat malien. La remise en cause de l'aide budgétaire extérieure vers la fin de la décennie 70 n'offrait plus au gouvernement d'alternative que le recours à l'assistance financière du Fonds Monétaire International -FMI- en en observant les conditionnalités. Les deux parties concluront deux accords de confirmation en 1982 et en 1983.

Ces accords reposaient fondamentalement sur le programme d'assainissement des finances de l'Etat ainsi que sur les réformes -macroéconomiques et microéconomiques- à moyen et à long terme, visant à instaurer les conditions d'un accroissement durable de la production nationale. La politique budgétaire du Mali des vingt dernières années restera largement dominée par les programmes de stabilisation.

### 1- La politique budgétaire

La maîtrise des déficits budgétaires était la clé de voûte du programme de stabilisation des finances publiques du Mali. Les mesures arrêtées dans ce sens par l'amélioration du niveau des recettes publiques ainsi que par la limitation de la dépense publique à un niveau correspondant à celui des ressources disponibles, tendaient à ramener les déficits publics à des niveaux soutenables.

### 1-1 Les ressources

Les ressources du budget de l'Etat étaient faibles à cause de la faiblesse de l'activité économique du pays durant les années

**Encadré n° 4 : Les types d'ajustement : stabilisation ou ajustement structurel**

« Lorsqu'une économie subit un choc produisant un effet négatif sur la balance des paiements courants, la balance globale des paiements peut s'ajuster de trois façons principales :

- par un accroissement des apports de capitaux extérieurs (ou un prélèvement sur les réserves) ;
- par une diminution d'activité ayant pour effet de moindres importations, c'est-à-dire une restriction de la demande intérieure (ou absorption) ;
- par un accroissement des parts de marché à l'extérieur (promotion des exportations) ou un remplacement des importations par la production locale (substitution à l'importation), donc par une modification des coefficients liant la production locale à la demande extérieure ou intérieure, c'est-à-dire par une action sur l'offre.

« Le terme de stabilisation, souvent utilisé comme synonyme d'ajustement (interne) paraît s'appliquer plus particulièrement au second des trois types d'ajustement distingués (ralentissement de l'activité), dans la mesure où il correspond à une stabilisation de la demande globale. D'une façon plus générale, le terme de stabilisation s'applique à tout ce qui répond à l'instabilité de la balance des paiements, ou plus particulièrement du commerce ; l'instabilité étant plutôt un phénomène de courte période (instabilité par rapport à une tendance), la stabilisation est elle-même un mécanisme ou une politique de courte période. Or la demande, plus que l'offre, est comme susceptible d'être ajustée en courte période.

« Si l'on se réfère à la distinction précédente des trois types d'ajustement de la balance des paiements, l'ajustement structurel des pays en développement peut être défini comme un ajustement durable de la balance des paiements, obtenu au moyen d'une adaptation des structures économiques (de production), c'est-à-dire autrement que par une réduction de la croissance économique ou par un recours accru (ou « excessif ») aux capitaux extérieurs. De façon équivalente, on peut dire que l'ajustement structurel est l'adaptation de la balance des paiements courants à un niveau correspondant à un recours raisonnable aux capitaux extérieurs, et sans réduction du taux de croissance économique ; le recours raisonnable (non « excessif ») aux capitaux extérieurs est celui qui peut être maintenu durablement, compte tenu de l'offre internationale de capitaux et de la capacité du pays à assurer le service de sa dette. »

*Extrait : P. Guillaumont, pp. 16-17, voir bibliographie.*

quatre-vingt. La production du Mali reposait essentiellement sur la production agricole sujette aux aléas du climat[10], qui générait peu de ressources susceptibles d'apporter à l'Etat les moyens de sa politique -s'il y en avait vraiment car l'objectif essentiel était d'assurer le paiement régulier des salaires des fonctionnaires et le remboursement de la dette extérieure du pays, ce qui laissait peu de marge de manœuvre pour d'autres actions-.

En dépit des difficultés rencontrées, les programmes économiques et financiers conclus avec les bailleurs de fonds ont pu être exécutés, quoique avec quelque retard. Les critères de réalisation seront globalement satisfaits au point d'accorder au pays le bénéfice de la *Facilité d'ajustement structurel renforcé* -niveau satisfaisant d'application des conventions conférant à un pays une accessibilité plus importante aux ressources du Fonds et à un taux concessionnel-. L'amélioration de la collecte des impôts et taxes, le recouvrement des arriérés d'impôts, l'introduction de la TVA, la réduction des taux de l'impôt sur les revenus ainsi que des droits de douanes ont contribué à améliorer progressivement le niveau des recettes depuis 1985.

En 1990, alors que les autorités proclamaient « les indicateurs au vert » -il est vrai que l'essentiel des reformes convenues avec les institutions de Bretton Woods avait été réalisées ou engagées, la question des CCP résolue, les salaires et la dette extérieure régulièrement payés-, une fronde sociale et politique menacera les institutions. L'incivisme menaçait les réussites engrangées et sapait la structure d'un budget qui, quoique faible, assurait le fonctionnement relativement correct de l'Etat.

La résolution des revendications catégorielles nées de cette fronde nécessitait un appui financier extérieur supplémentaire aux ressources propres de l'Etat. Mais ni les partenaires bilatéraux ni les organismes multilatéraux n'ont apporté de contribution au-delà du programme déjà convenu. Les autorités de l'époque ont jugé insuffisant le concours extérieur aux finances de l'Etat à une époque où le pouvoir affrontait une crise sociale dont la solution excédait ses moyens. Certains milieux insinueront même une connivence de la communauté financière internationale avec le mouvement politique dans le but d'asphyxier financièrement le pouvoir en place et de donner la chance à un changement institutionnel.

[10] Voir les évolutions du P.I.B. dans. « Les comptes économiques du Mali », DNSI.

Les données des Notes d'information et statistiques de la BCEAO résumées au tableau n° 4-1 sont assez instructives sur la situation financière du Mali de l'époque. Elles confirment la tendance normale à la baisse du soutien financier extérieur à un programme de réforme finissant.

En effet, à partir de 1989 le montant global des tirages tant bilatéraux que multilatéraux n'a cessé de diminuer, ce jusqu'en 1993. Le tirage sur le FMI s'est accru en 1990, celui sur la Banque Mondiale a aussi augmenté de 7,5 milliards de F Cfa en 1991 par rapport à 1990, pour ensuite décroître jusqu'en 1994.

En règle générale, en raison du besoin de financement du déficit budgétaire important au début d'un programme, les accords d'emprunt ou d'aide financière planifient des volumes de tirages importants au début d'un programme, mais qui diminuent au fur et à mesure de l'amélioration de la situation macroéconomique et des finances publiques du pays. La diminution progressive de l'aide financière extérieure dénote d'une certaine réussite des programmes mis en oeuvre par pays. Et c'était le cas pour le Mali en 1991.

Mais s'agissant des appuis bilatéraux au Mali pendant la période de transition politique -1991-1992-, que nous appellerons d'une manière générale la « prime à la démocratie », ils ont été réellement significatifs par rapport à 1990. Ils ont été multiples et importants, s'étendant des réaménagements de la dette extérieure du pays à l'aide budgétaire au gouvernement. Les aides budgétaires reçues durant cette période sont sans commune mesure avec les niveaux antérieurs : 30,4 milliards de F Cfa.

La prime à la démocratie s'est manifestée aussi sous la forme d'aménagements de la dette extérieure –remise et rééchelonnement- du pays à hauteur de 11,6 milliards de francs Cfa en 1992 et 18,3 en 1993. Ce qui constituera véritablement une bouffée d'oxygène pour le gouvernement fraîchement installé, qui délesté du service de la dette, trouve quelque marge de manœuvre pour la conduite des missions spécifiques que lui confié la classe politique. A l'occasion plusieurs partenaires bilatéraux ont changé leur politique d'aide à l'endroit du Mali en optant pour la subvention au lieu du prêt. Malgré la stagnation du volume de l'aide en francs constants, l'avènement de la démocratie a été une raison de maintien de l'aide financière de bons nombres de donateurs.

**Tableau 4-1 : Comptes économiques du Mali** *(Extrait)*

| **RUBRIQUES** | 1988 | 1989 | 1990 | 1991 | 1992 | 1993 | 1994 |
|---|---|---|---|---|---|---|---|
| **TIRAGES** | 48,1 | 56,1 | 47,6 | 32,7 | 37,0 | 20,3 | 86,9 |
| Bilatéraux | 11 | 28,4 | 8,7 | 1,6 | 8,7 | 0 | 2,7 |
| Multilatéraux | 30 | 27,4 | 31,3 | 31 | 24,6 | 16,4 | 61,2 |
| *Banque Mondiale* | *18,1* | *15,3* | *11,9* | *19,4* | *16,4* | *13,3* | *50,8* |
| Privés | 0 | 0 | 0 | 0 | 0 | 0 | 0 |
| F.M.I. | 5 | 2,2 | 7,6 | 0 | 3,7 | 3,9 | 22,9 |
| Rééchelonnements dette | 11,9 | 8,6 | 3,2 | 2,8 | 8,2 | 15,8 | 8,2 |
| Remises de dette | 8,9 | 2,2 | 0,5 | 0,2 | 3,4 | 2,5 | 5,4 |

Sources : BCEAO, Notes d'information et Statistiques- n° 479, mars 1998, Dakar

Au cours de la décennie 90, l'amélioration des ressources du budget a été considérable pour trois raisons : outre la prime à la démocratie, l'effet de la dévaluation du franc Cfa sur les recettes du budget, l'apport des ressources exceptionnelles provenant des recettes d'exploitation de l'or.

La baisse du taux de change du franc Cfa par rapport au franc français a eu pour effet de renchérir le coût à l'importation des produits étrangers d'une part et, d'autre part, de favoriser pendant un certain temps la compétitivité des produits locaux sur le marché international.

Après la dévaluation, pendant un certain temps, le volume des produits importés s'est resserré. Mais il existe des biens dont la consommation est incompressible. C'est le cas des produits alimentaires, des matériaux de construction ou des hydrocarbures. Passée la période d'adaptation relative des consommateurs à la hausse des prix, les importations de biens étrangers ont repris. Le relèvement de la valeur à l'importation de la plupart de biens, donc de la base de taxation, a engendré des recettes de douanes et des taxes plus élevées. Par exemple si auparavant le litre d'essence coûtait 100 F Cfa et si l'ensemble des droits perçus par litre s'élevait à 60 F Cfa, après dévaluation la base taxable se trouve rehaussée à 200 Cfa. A fiscalité constante, les droits et taxes perçus par litre s'élèveraient à 120 F Cfa.

Ainsi malgré la contraction momentanée des importations survenue en 1994, l'effet de la dévaluation aura permis un accroissement des recettes douanières de 39 milliards de f Cfa en 1994 à 54 milliards en 1995. En moins d'une décennie les recettes douanières ont augmenté de 39 milliards en 1994 à plus de 160 milliards en 2002.

L'effet de la dévaluation par la baisse du taux de change du franc Cfa par rapport à d'autres devises a amélioré la compétitivité de certaines entreprises nationales comme la Compagnie Malienne de Développement des Textiles qui travaille à l'exportation et dont la production de coton est vendue en dollars. L'entreprise a doublé la part de son chiffre d'affaires pour toutes ses ventes réalisées en devises, malgré un volume de production en baisse de 22% par rapport à 1993. Les revenus de la filière cotonnière ont augmenté à 35,3 milliards en 1993, 83,1 milliards en 1995, jusqu'à 145 milliards en 2002, alimentant les finances de l'Etat de recettes de plus en plus importantes.

La troisième raison de l'accroissement des recettes est l'apport au budget de deux ressources exceptionnelles : les royalties versées à l'Etat malien par les sociétés minières ainsi que la prise en compte des ressources au titre de l'Initiative de réduction de la dette des pays pauvres.

Depuis peu la production d'or occupe une place croissante dans le PIB du Mali ; elle représente environ un quart des exportations du pays et elle reste une activité d'un apport inégalé aux finances de l'Etat. Ces quatre dernières années elle a rapporté au Trésor public entre 90 et 120 milliards de F Cfa, en impôts et taxes payés à l'Etat, en salaires et cotisations sociales, et autres contributions aux fonds de développement local des communes des zones d'exploitation.

La seconde ressource exceptionnelle, celle de l'initiative d'annulation de la dette des pays pauvres très endettés, qui prévoit le dégagement d'environ 576 milliards de F Cfa de ressources d'annulation de la dette publique sur une période 15 ans[11] à affecter aux dépenses sociales dans le cadre du Cadre stratégique de lutte contre la pauvreté. Les projections annuelles s'élèvent à environ 25 milliards de F Cfa sur 15 ans. Au total environ 125 milliards de F Cfa de ressources exceptionnelles auront alimenté le budget d'Etat malien depuis 2000. Et jusqu'en 2012, ces deux ressources rapporteront au budget du Mali respectivement 100 milliards et 25 milliards de F Cfa environ par an, soit 35% des recettes du budget de base.

S'agissant des recettes au titre de l'initiative de réduction de la dette, il importe de souligner que leur inscription procède d'une logique purement comptable. Les recettes sont enregistrées en contrepartie de l'extinction de la dette extérieure mais ne s'accompagnent pas d'encaissement effectif d'espèces, et des dépenses sont engagées dans le cadre de la réduction de la pauvreté à hauteur des annulations annuelles. En somme pour un niveau de recettes non encaissées, le budget devra décaissé chaque année environ 25 milliards de F Cfa au titre des dépenses de lutte contre la pauvreté qui viendront augmenter les charges.

[11] Note de présentation du budget d'Etat, exercice 2003. Direction nationale du Budget

### 1-2 Les charges

Les charges de l'Etat font l'objet d'attention particulière à des degrés différents depuis les programmes de stabilisation des années 80, puis dans une moindre mesure dans le cadre de la surveillance multilatérale de l'UEMOA. Dans le cadre des programmes avec le FMI, la politique de dépenses visait le rééquilibrage des affectations budgétaires entre les diverses rubriques de dépenses publiques afin d'inverser la primauté des charges salariales et de favoriser l'investissement pour accroître la production. Elle se traduisait essentiellement par les mesures de gel du niveau de la masse salariale. Le plafonnement de la masse salariale consistait en la suspension des recrutements dans la fonction publique, au blocage temporaire de l'avancement des fonctionnaires, à la suppression de certains avantages. Quant à la réduction du train de vie de l'Etat, elle a consisté à la restructuration des services publics, à la réduction du parc automobile, à la limitation des inscriptions budgétaires relatives aux frais de mission et de transport à l'extérieur du pays ainsi qu'à la suppression des subventions d'exploitation et à la consommation.

A terme, les actions engagées ont eu pour effet de modifier graduellement la structure de la dépense publique[12] dans le sens escompté. Elles ont abouti à la réduction des effectifs dans la fonction publique d'environ 30%. Ainsi de 1984 à 1998, le nombre des fonctionnaires est passé de près de 52.000 à 36.000 agents. Il est d'environ 50.300 agents actuellement. Parallèlement à la baisse de l'effectif des fonctionnaires, la part de la masse salariale est allée *decrescendo*, passant de 68% des dépenses en 1984 à 15% en 1998.

La politique de modération de la masse salariale a été maintenue jusqu'en 2000. En dépit des pressantes revendications syndicales, les salaires n'ont été relevés que de 10% en 1994, puis de 5% en 1996, 15% en 2000 et 16% en 2002. L'impact sur le budget de l'Etat de ces augmentations a été atténué par le départ en retraite d'agents et le ralentissement du recrutement dans la fonction publique pendant une certaine période.

L'ajustement des dépenses a abouti à la restriction de l'intervention de l'Etat dans le secteur social et de la production.

---

[12] Cf. graphique n° 3-3

Le programme de restructuration des entreprises d'Etat, tout en cherchant à soulager l'Etat des diverses subventions budgétaires qui entretenaient les entreprises publiques, a considérablement réduit la taille du secteur public. À bien des égards en plus de la disparition des emplois salariés, il a provoqué la disparition de l'offre nationale de production vite comblée par l'accroissement des importations.

### 1-3 L'exécution globale du budget

La politique budgétaire menée par les pouvoirs publics a abouti, d'année en année, à un niveau d'exécution globalement satisfaisant des budgets. Le niveau des recettes a régulièrement dépassé les prévisions, tandis que les dépenses sont restées constamment en deçà des projections.

**Tableau 4-2 : Tableau comparatif de l'exécution budgétaire**
*En milliards de F Cfa*

| Années | Ressources | | | Charges | | |
|---|---|---|---|---|---|---|
| | Prévision | Exécution | *Réal. ( %)* | Prévision | Exécution | *Réal (%)* |
| 1990 | 93 | 112 | *120* | 80 | 74 | *92* |
| 1992 | 109 | 122 | *112* | 132 | 112 | *85* |
| 1994 | 291 | 321 | *110* | 374 | 298 | *80* |
| 1996 | 334 | 400 | *120* | 380 | 351 | *92* |
| 1998 | 439 | 429 | *98* | 450 | 425 | *94* |
| 2000 | 482 | 455 | *94* | 522 | 443 | *85* |
| 2002 | 569 | 517 | *91* | 645 | 642 | *99* |

*Réal : réalisation*

Ainsi le taux d'exécution des recettes par rapport aux prévisions qui était estimé à 120% en 1990 et 112% en 1992 passera à 110% en 1994 puis à 120% en 1996. En même temps, l'effort de maîtrise des dépenses a permis de contenir leur exécution à 80% des prévisions en 1994 et à 92% en 1996. La primauté du niveau de réalisation des ressources par rapport celui des charges prévaudra jusqu'en 2002, pour s'altérer ensuite : 91% de taux d'exécution des recettes contre 99%pour les charges.

Le résultat de l'exécution du budget reste grandement influencé par la vulnérabilité d'une économie essentiellement agricole aux aléas climatiques ainsi que par les fluctuations des cours mondiaux des produits de base, ainsi que par des questions techniques de prévisions budgétaires.

La sensibilité de l'économie aux aléas climatiques et l'instabilité des cours des produits de base sont source d'incertitude quant à la disponibilité des revenus nécessaires, donc à l'exécution correcte des programmes d'action des gouvernants.

D'autre part le budget du Mali n'a pas toujours brillé par sa crédibilité ; les prévisions financières n'intègrent pas suffisamment le contexte économique, aboutissant à des budgets vite démentis à l'exécution en raison des évaluations optimistes des ressources et de la détermination arbitraire du niveau global de la dépense.

Ce décalage se répercute sur l'exécution budgétaire aussi dont les documents n'ont pas été toujours fiables en ce sens que les informations contenus dans les documents de l'exécution budgétaire ne reflétait fidèlement ni en recettes ni en dépenses la réalité financière des opérations qu'il transcrivaient. Au plus fort de l'engagement du Mali dans les programmes d'ajustement structurel, le solde budgétaire a été très souvent maquillé afin de le tenir dans les limites des critères de réalisation des programmes et de faire bénéficier le pays de tirages convenus. Mais la dissimulation du déficit réel par la contraction artificielle des déficits minorait d'autant le montant du financement, donc des tirages et des aides budgétaires extérieures de soutien au programme d'ajustement mis en oeuvre. Ces artifices auxquels l'ont a recouru pour camoufler la situation réelle des finances publiques, outre leur caractère délictuel, constituaient une grande perte de temps, puisqu'il a toujours fallu revenir à la réalité des faits et des chiffres et solliciter un niveau de concours financier pour couvrir les besoins réels de financement.

### 2- La pression fiscale

La pression fiscale ou taux des prélèvements obligatoires est le rapport des recettes fiscales au produit intérieur brut d'un pays. Elle est généralement évaluée en pourcentage. Elle exprime la part des revenus générés au cours du processus de production qui passe par le budget de l'Etat à travers le système d'imposition.

La pression fiscale est parfois perçue comme le poids de la fiscalité dans l'économie d'un pays. Cette appréciation mériterait une nuance. Les flux financiers au sein du secteur des administrations publiques tendent à accroître le volume des opérations inscrites au numérateur. En effet, il arrive que des prélèvements obligatoires opérés par une administration alimentent les recettes d'une autre, et qu'au moment de l'agrégation des comptes des administrations publiques toutes ces recettes s'ajoutent les unes aux autres, faisant double emploi, alors qu'en termes de perception il n'y a eu qu'une seule perception. Seul un ajustement en consolidation éliminerait les opérations du numérateur qui font doublon, en ramenant le niveau des prélèvements obligatoires à sa juste proportion. Mais l'ajustement en consolidation pose le problème de l'identification fastidieuse des innombrables flux d'opérations entre les diverses administrations.

Au regard des données du tableau 4-3, il apparaît que la pression fiscale au Mali n'est pas élevée en comparaison tant de la moyenne dans la sous région que du seuil minimum fixé par les règles communautaires. En conséquence les plaintes du secteur privé malien du « trop d'impôt » payé au Mali ne semblent pas totalement fondées.

**Tableau n° 4-3. Taux des prélèvements obligatoires**

| Désignation | 1990 | 1992 | 1994 | 1996 | 1998 | 2000 | 2002 |
|---|---|---|---|---|---|---|---|
| Recettes fiscales. | 67 | 83 | 117 | 186 | 226 | 236 | 339 |
| P.I.B. | 673 | 720 | 978 | 1320 | 1593 | 1799 | 2034* |
| Pression fiscale (%) | 10 | 12 | 12 | 14 | 14 | 13 | 17 |

(*) Au 31/12/2003

Le problème réel de la fiscalité malienne était l'étroitesse de l'assiette qui faisait reposer en permanence l'impôt sur un nombre restreint de contribuables ainsi que la multiplicité des impôts et taxes qui créait une certaine confusion dans l'esprit d'opérateurs. Et à un moment, donné la résolution des pouvoirs publics à recouvrer les impositions nouvelles ainsi que les arriérés d'impôts cumulés a ajouté à la confusion des entrepreneurs du secteur formel qui affirmaient souffrir de « *harcèlement fiscal* » des administrations financières. Les mesures visant à l'amélioration du niveau des recettes fiscales ont amené les autorités à élargir l'assiette de l'impôt pour améliorer le recouvrement et soulager les opérateurs du secteur formel par une baisse des taux d'imposition.

Le niveau de la pression fiscale au Mali a évolué de façon régulière entre 8% en 1988 et 14% en 1996. Une analyse fine du taux des prélèvements composantes montre une corrélation positive entre le PIB et le taux de prélèvements obligatoires de 1988 à 1998 : l'accroissement du P.I.B. s'est accompagné de l'accroissement proportionnel ou plus que proportionnel des recettes fiscales et en conséquence de la pression fiscale. A certaines périodes le taux d'accroissement des recettes fiscales était même multiple de celui du PIB ce qui signifie un effort soutenu de fiscalisation de la production. De 1988 à 1990, de 1990 à 1992, de 1992 à 1996 ainsi que de 1994 à 1996, le P.I.B. a augmenté respectivement de 14%, 7%, 35% et 21% alors que le taux d'accroissement des recettes fiscales s'élevait à 42%, 23%, 41% et 59%. Mais en 2000, l'évolution de la pression fiscale vient en contradiction de la bonne corrélation observée depuis 1988. L'élévation du niveau du taux de prélèvements obligatoires n'a pas suivi l'accroissement du P.I.B. La pression fiscale, après une période de stagnation, a plutôt marqué le pas en régressant de 14% à 13%.

La pression fiscale est un élément important de comparaison internationale du degré de fiscalisation des revenus dans un pays. Les critères de convergence de l'UEMOA en fixent le niveau minimum à 17%. Le taux de pression fiscale au sein de l'Union est le suivant :

| **Pays** | **Taux de pression fiscale** | |
|---|---|---|
| | **Années** | |
| | ***2000*** | ***2002*** |
| Bénin | *14* | *14* |
| Burkina Faso | *11* | *11* |
| Côte d'Ivoire | *14* | *15* |
| Guinéen Bissau | *11* | *9* |
| Mali | *13* | *17* |
| Niger | *9* | *11* |
| Sénégal | *17* | *18* |
| Togo | *11* | *11* |

Il apparaît qu'en 2000 le niveau moyen de la pression fiscale à l'intérieur de la zone UEMOA, d'environ 14%, était en dessous de la norme communautaire requise. En 2002 il s'est légèrement amélioré par rapport à 2000.

### 3- Les ratios de convergence de l'économie malienne

En 2000 déjà le Mali avait satisfait 5 critères de convergence. Mais l'année suivante, l'économie malienne a connu une contraction de la production par rapport à 2000. La baisse de la production agricole de 17% dont 50% pour la seule production de coton ainsi que la diminution de la production d'or ont entraîné une baisse de 1,3% du P.I.B. La baisse des revenus qui s'en est suivie a eu pour conséquence le creusement du déficit du budget qui atteindra 4% en 2001, détériorant du coup le ratio du critère clé du déficit budgétaire/P.I.B.

L'observation de l'action des autorités maliennes montre peu de volonté de leur part à satisfaire leur engagement communautaire, comme le prouve l'énumération par le Comité national de politique économique des conditions préalables à leur réalisation. Elle marque un certain attentisme des autorités plus enclines à espérer une situation économique idéale pour satisfaire aux conditions de la convergence que de réagir à la détérioration des comptes. En 2001 ledit comité citait : *«... si le programme d'annulation de dette au titre de l'initiative PPTE était conclu (150 milliards de F Cfa environ), si le cours du coton se rétablissait et si les recettes d'exportation étaient convenablement rapatriées, enfin si les mesures visant à élargir la base taxable produisaient les résultats escomptés ; le Mali s'engage à mettre en œuvre toutes les autres mesures nécessaires pour le respect des critères précités.»*

L'engagement d'un pays dans un processus d'intégration comportant le respect de normes rigoureuses commande un comportement volontariste des autorités à infléchir le cours de l'activité économique. Il commande une vigilance permanente des pouvoirs publics sur l'évolution des indicateurs macroéconomiques et des actions promptes à leur restauration.

**Tableau n° 4-4 : Tableau de réalisation des critères de convergence du « Pacte de convergence, de stabilité, de croissance et de solidarité… »**

| Désignation | 1994 | 1996 | 1998 | 2000 | 2002 |
|---|---|---|---|---|---|
| **Critères de premier rang** | | | | | |
| Solde budgétaire de base /P.I.B. *(norme ≥ 0%)** | -7 | -2 | -2 | -3 | -3 |
| Taux d'inflation annuel moyen. *(norme ≤ 3%)** | 25 | 6 | 4 | -1 | 5 |
| Ratio de l'encours dette /P.I.B. *(norme ≤ 70%)** | 154 | 116 | 110 | 94 | 89 |
| Variation des arriérés de paiement *(F Cfa)* | | | | | |
| - *Intérieur (norme : 0)** | 10 | 18 | 10 | 34 | 35 |
| - *Extérieur (norme : 0)** | 0 | 0 | 0 | 0 | 0 |
| | | | | | |
| **Critères de second rang.** | | | | | |
| Masse salariale/ Recettes fiscales *(norme < 35%)** | 38 | 29 | 26 | 29 | 41 |
| Investis publics /Recettes fiscales *(norme ≥ 20%)** | 19 | 14 | 20 | 26 | 24 |
| Déficit ext. courant hors dons /P.I.B.*(norme ≥-5%)** | - | -10 | -8 | -10 | -11 |
| Taux de pression fiscale *(norme ≥ 17%)** | 12 | 14 | 14 | 13 | 17 |

En 2002, la situation économique était meilleure que celle de 2001, le P.I.B. est passé de 1777 milliards de F Cfa à 2034 milliards. Les critères de convergence n'étaient pas inaccessibles. Le pays aurait bien pu renforcer les résultats acquis à la faveur de la croissance économique gagnée. Mais deux événements majeurs pèseront lourdement sur les finances de l'Etat en 2002 : l'organisation de la Coupe d'Afrique des nations et les élections présidentielles et législatives. Ces deux évènements contribueront largement au déficit budgétaire record ainsi qu'à l'accroissement considérable de l'endettement public extérieur. En conséquence, les comptes présenteront des insuffisances par rapport aux critères de convergence en général, mais particulièrement par rapport au critère clé.

S'agissant des critères de premier rang, le solde budgétaire de base est de –3%, le taux d'inflation est de 5% et le ratio de l'encours de la dette au P.I.B. s'élève à 89%.

En ce qui concerne les critères de second rang, le ratio de la masse salariale par rapport aux recettes fiscales s'est dégradé en passant de 29% en 2000 à 41% en 2002. Quant au taux d'investissement public par rapport aux recettes fiscales il demeure satisfaisant à 24%. Le déficit extérieur courant hors dons/P.I.B. reste en deçà des normes requises: -11% contre une norme requise de moins de –5%.

Quant au taux des prélèvements obligatoires, longtemps faible par rapport à la norme du Pacte de Convergence de Stabilité, de Croissance et de Solidarité, il a atteint en 2002 la norme communautaire requise en dépit d'un environnement sous régional difficile au 3ème trimestre 2002.

En conclusion, il apparaît qu'au terme de la période de convergence le pays n'améliorera pas ses performances par rapport à 2000, ni en termes d'augmentation du nombre de critères satisfaits, ni de renforcement des ratios déjà réalisés. Les performances de l'économie malienne restent insuffisantes au regard des objectifs du *Pacte de convergence* de l'UEMOA : 4 critères réalisés, un de premier rang et trois de second rang.

La question la plus pressante qui se posera à court terme aux pouvoirs publics maliens est l'amélioration de la gestion des affaires publiques. L'ignorance délibérée des lois et des règlements par les pratiquants en dépit des bonnes dispositions réglementaires qui régissent les finances publiques au Mali, les entorses aux procédures, la fraude sont des pratiques qui entraînent des pertes considérables de ressources pour l'Etat. Les principes doivent s'appliquer partout et à tous, afin d'élever l'intérêt général au-dessus des intérêts particuliers, d'une manière générale de conforter les principes d'équité et d'égalité des citoyens.

D'autre part, des transactions entre initiés savamment montées sous des justifications subtiles, au motif d'approvisionner le marché à moindre frais, ont exclusivement profité à quelques commerçants importateurs de produits exonérés de paiement de droits de douanes et de taxes. Les ententes consistaient en la diffusion sélective d'informations sur les modalités du bénéfice qui s'attache à l'importation des produits –des denrées alimentaires généralement- exemptés de paiement de droits d'entrée. L'opérateur avisé d'une telle opportunité planifie ses importations de produits sur l'intervalle de temps cité en surestimant naturellement les quantités importées par rapport aux besoins du pays pour la période concernée.

En réalité l'octroi d'exonération au paiement de droits à l'importation de produits est un acte légal, mais rigoureusement codifié. Dans la plupart des cas, les faveurs accordées sont un détournement de la procédure de son objet. Le bénéfice qui en est accordé à des commerçants sous des motifs fallacieux constitue une entorse sérieuse à la libre concurrence entre entreprises et il confère une position dominante à quelques sociétés de négoce qui étouffent leurs concurrents au grand dam des consommateurs. Il spolie le Trésor public de ressources considérables et entretient des circuits d'évasion fiscale dans la haute administration publique.

La transparence n'est évidemment pas la règle dans la publication des comptes relatifs aux exonérations et autres exemptions, alors même que les règles de finances publiques instruisent leur comptabilisation en dépenses fiscales. Mais compte tenu du risque probable d'incompréhension que susciterait la connaissance de ces pratiques par les partenaires et par l'opinion publique nationale, elles sont tout simplement ignorées des documents budgétaires.

Malgré l'instauration d'un système de vérification des importations censé informer les administrations financières sur les produits depuis le pays d'origine, l'opacité qui entoure les exemptions diverses rend fastidieuse[13] l'évaluation du manque à

---

[13] Seulement 67% des droits de douanes théoriquement dus étaient effectivement perçus pour les importations dont les taux de taxation étaient inférieur ou égal à

gagner pour l'Etat. A un certain moment la fraude à l'importation a rendu le marché national compétitif dans la sous région, au point de faire du Mali, pays continental dont les coûts d'approche sont logiquement plus élevés, un pays de réexportation vers ses voisins du littoral.

20% et seulement 33% pour les importations dont les taux étaient supérieurs à 20%.Rapport de mission Diagnostique Diagnos, U.E, Août 2001.

## V- LES SOLDES BUDGETAIRES

Le solde budgétaire correspond à la différence entre les recettes et les dépenses du budget global. Le solde budgétaire est la conséquence des mesures de politique budgétaire. Il fournit la mesure de l'impact primaire des opérations de l'Etat. Un solde budgétaire positif traduit un excédent des recettes sur les dépenses, l'inverse correspond à un déficit.

Le solde budgétaire peut être structurel ou conjoncturel. Le solde structurel est un solde délibéré découlant de la proportion des agrégats au sein du budget. Le solde conjoncturel est celui découlant des influences cycliques sur les composantes du budget d'Etat.

Les opérations budgétaires s'exécutent dans le respect du principe de l'annualité qui spécifie que les autorisations de perception des recettes et de paiement des charges sont annuelles. En fonction des dates de comptabilisation des opérations budgétaires, l'on distingue le système de l'exercice et celui de la gestion, dont découlent les soldes de même nom.

### 1- Solde de gestion et solde d'exercice

La Loi 96-60 -art.24- relative à la loi des finances consacre le système de la gestion qui vise à évaluer au plus près les moyens de l'Etat durant l'année civile. Les recettes et les dépenses sont comptabilisées au titre de l'année de leur exécution effective, y compris la période de régularisation, la date de visa des mandats par le comptable étant le critère retenu pour la date de comptabilisation. La période de régularisation ou période complémentaire est la période durant laquelle se poursuit l'exécution des opérations de l'année écoulée ainsi que l'apurement des comptes. Elle s'étend au 31 janvier pour tous les comptables supérieurs du Trésor à l'exception de la Comptabilité centrale du Trésor qui clôture ses comptes au dernier jour de février.

En système d'exercice par contre, les opérations budgétaires sont rattachées à l'année où elles sont prévues quel que soit le moment de leur exécution, ceci dans le souci d'une présentation cohérente des données macroéconomiques annuelles dans le cadre de la comptabilité nationale. Le solde d'exercice comprend les opérations anticipées d'un budget déterminé ainsi que les opérations de l'année courante, y compris la période complémentaire.

**<u>Tableau n° 4-5</u> : Tableau de passage du solde de gestion au solde d'exercice**

| | **Gestion** Année n-1 | **Gestion** Année n | **Gestion** Année n+1 | |
|---|---|---|---|---|
| **Exercice** Année n-1 | | Opérations de la période complémentaire (n-1) | | |
| **Exercice** Année n | Opérations anticipées de l'exercice (n) | Opérations de l'année (n) | Opérations de la période complémentaire (n) | **Solde d'exercice** |
| **Exercice** Année n+1 | | Opérations anticipées (n+1) | | |
| | | **Solde de gestion** | | |

**2- Le solde d'exécution du budget**

La loi des finances initiale est votée avec un solde budgétaire initial. Les modifications de politique économique ou social du gouvernement qui surviennent au cours de l'exécution du budget ainsi que les fluctuations conjoncturelles endogène ou exogène produisent le solde d'exécution du budget.

Par solde d'exécution, on entend généralement le solde global, c'est-à-dire la différence entre les ressources et les charges du budget.

- *Le solde global :* Il représente la différence entre les ressources et les charges du budget. Les ressources comprenant en plus des impôts et taxes, les apports extérieurs au budget, à savoir les dons reçus et les emprunts.

Entre 1960 et 1980, le budget malien a été caractérisé par des niveaux de déficit très élevés d'environ 25% -cf. tableau n°4-6-. A partir de 1980, l'effet des mesures de stabilisation devient perceptible sur le niveau du solde budgétaire. En 1982 déjà le déficit budgétaire est réduit, passant de 20 milliards de F Cfa en 1980 à 4 milliards en 1986, ce qui correspond à des niveaux de déficit de 25% à 11%. Le redressement ainsi amorcé se poursuivra jusqu'à 1990, année où le solde global devient excédentaire pour la première fois avec 39 milliards de F Cfa. Le solde budgétaire demeurera excédentaire à des niveaux variables jusqu'en 2000 pour se dégrader en 2002 avec un déficit de 73 milliards de Cfa.

**Tableau n°4-6.Solde budgétaire global**

-En milliards de Cfa-

| Années | Ressources | Dépenses | Soldes | |
|---|---|---|---|---|
| | *(Francs)* | *(Francs)* | *Francs* | *%* |
| 1960 | 6 | 8 | -2 | *-25* |
| 1962 | 10 | 13 | -3 | *-23* |
| 1963 | 11 | 13 | -2 | *-15* |
| 1966 | 12 | 14 | -2 | *-14* |
| 1968 | 16 | 21 | -5 | *-24* |
| 1969 | 20 | 23 | -3 | *-13* |
| 1972 | 24 | 26 | -2 | *-8* |
| 1974 | 25 | 32 | -7 | *-22* |
| 1976 | 37 | 50 | -13 | *-26* |
| 1977 | 48 | 55 | -7 | *-12* |
| 1978 | 52 | 61 | -9 | *-15* |
| 1980 | 59 | 79 | -20 | *-25* |
| 1982 | 78 | 88 | -10 | *-11* |
| 1984 | 47 | 53 | -6 | *-11* |
| 1986 | 60 | 64 | -4 | *-6* |
| 1990 | 112 | 74 | 39 | *52* |
| 1992 | 122 | 112 | 10 | *9* |
| 1994 | 321 | 298 | 23 | *8* |
| 1996 | 400 | 351 | 49 | *14* |
| 1998 | 429 | 425 | 5 | *1* |
| 2000 | 455 | 443 | 12 | *3* |
| 2002 | 569 | 642 | -73 | *-11* |

Nombre d'observateurs s'accordent sur l'évolution considérable des dépenses publiques qui a fait manqué au Mali l'occasion de renforcer ses capacités financières ces dernières années. L'embellie économique qui a suivi la dévaluation de la monnaie en 1994 a été propice aux dépenses souvent jugées « *improductives* » en considération des besoins vitaux des populations à satisfaire, et disproportionnées au regard des dotations budgétaires qui y ont été affectées. Même le budget d'investissement de l'Etat a été quelque peu contesté : d'une part les dépenses qui y étaient inscrites ne correspondraient pas toujours à leur nature -une formation brute de capital fixe-, d'autre part, l'efficacité de nombre de projets restait douteuse.

En 2002 le contexte dans lequel s'exécutait le budget du Mali fut dominé par les élections politiques et festivités dispendieuses, charges de la décentralisation, mise en oeuvre du pacte social dont les incidences financières détérioreront les comptes publics, ainsi que par le conflit civil en Côte d'Ivoire qui coûte depuis son commencement aux recettes budgétaires un manque à gagner considérable.

Le solde global est un indicateur budgétaire fondamental sur lequel se focalise la surveillance multilatérale, en raison de sa portée dans la stabilité macroéconomique d'un pays et de son effet sur le niveau d'endettement public. Sans entrer dans la polémique actuelle entre les institutions multilatérales et les économistes des pays en programme avec elles, notamment les pays en développement, qui souhaitent exclure le solde du budget d'investissement des objectifs budgétaires que leur pays doit respecter dans le cadre des programmes appuyés par les premières, il convient de signaler dans le cas spécifique du Mali que la discorde portant principalement sur la contrainte de financement du solde global du budget à cause du déficit du budget d'investissement est mineure du fait de l'assurance de la couverture des dépenses d'infrastructure presque exclusivement financées par des ressources extérieures dont les montants et les sources de financement sont convenus à la confection du budget de l'année concernée. En conséquence, l'effet du déficit du budget d'investissement sur le solde global n'est pas important. La poursuite de l'objectif de maîtrise des déficits requiert de l'attention sur le déficit du solde budgétaire courant.

- *Le solde budgétaire courant* : Il représente la différence entre les recettes courantes et les dépenses courantes du budget.

Un solde courant excédentaire constitue une épargne pour l'Etat, une ressource disponible pour financer sur fonds propres les projets prioritaires du gouvernement ou pour atténuer le niveau de l'endettement public. Inversement, le déficit du solde courant conduit à l'endettement de l'Etat pour financer ses charges de fonctionnement -salaires, achats de biens et services ou autres- au détriment de l'investissement.

**Tableau n°4-7 : Solde des opérations courantes** *(Milliards de Cfa)*

| **Désignation** | **1990** | **1992** | **1994** | **1996** | **1998** | **2000** | **2002** |
|---|---|---|---|---|---|---|---|
| Recettes courantes | 74 | 87 | 124 | 194 | 235 | 245 | 348 |
| Dépenses courantes | 68 | 105 | 187 | 203 | 221 | 268 | 352 |
| **Solde courant** | **6** | **-18** | **-63** | **-9** | **14** | **-23** | **-4** |

Le tableau 4-7 ci-dessus montre une évolution irrégulière du solde budgétaire courant. Après un excédent de 6 milliards de F Cfa enregistré en 1990, le solde courant se dégradera fortement les années suivantes: il passera d'un déficit de 18 milliards en 1992 à 63 milliards en 1994 à cause principalement des effets de la dévaluation du franc Cfa de 1994 qui a entraîné l'accroissement simultané de la charge de la dette et des dépenses d'acquisition de biens de l'Etat. Mais entre 1994 et 1996, la résorption du déficit courant est impressionnante: il passera de 63 milliards de f Cfa en 1994 à 9 milliards en 1996. En 1998 on observe un redressement du solde budgétaire courant : les recettes définitives du budget couvrent l'ensemble des dépenses permanentes, avec un excédent de 14 milliards.

L'amélioration progressive dudit solde amorcée après 1994 aurait dû se poursuivre de manière à permettre à l'Etat de consacrer légitimement le produit des emprunts au financement de l'investissement plutôt qu'à couvrir des charges de fonctionnement. Mais il se dégrade en 2000 et en 2002. La persistance du déficit chronique du solde des opérations courantes en temps normal est inadmissible de la part d'un gouvernement responsable. Cela signifie que l'Etat malien vit au dessus de ses moyens et qu'il n'épargne pas en conséquence, et qui plus il souligne sa dépendance persistance vis-à-vis de l'extérieur qui participe aux charges courantes de l'administration malienne.

Le déficit du solde courant, à défaut d'être proscrit, doit être exceptionnel. L'équilibre du solde des opérations courantes obtenu grâce à un ajustement volontaire dans les dépenses improductives de l'Etat est la première étape vers l'établissement futur de l'équilibre du solde global de base. Dans le cas d'un budget contracyclique préconisé par l'UEMOA, les autorités doivent appliquer la plus grande rigueur aux opérations courantes du budget de l'Etat de manière à maintenir leur solde équilibré ou éventuellement excédentaire pour permettre au gouvernement soit de financer des investissements qu'il juge prioritaire, soit pour constituer des réserves financières qui lui donneraient une marge de manœuvre en cas de retournement de la conjoncture économique.

- *Le solde global de base* représente la différence entre les ressources hors dons et les charges hors dépenses financées par des ressources extérieures. Il ramène le solde du budget à ses composantes intrinsèques, à l'exclusion de tout apport extérieur. En cas de déficit, le solde global de base donne la mesure de l'ajustement interne nécessaire pour réaliser l'équilibre des comptes publics.

L'importance de l'apport extérieur au budget se reflète au changement de sens du solde des opérations une fois retranché le montant des contributions extérieures. Une comparaison des données des tableaux 4-7 et 4-8 met en évidence la variation de sens du solde budgétaire avec ou sans apport extérieur. Par exemple, il ressort de la loi de règlement du budget d'Etat de 1998 un déficit budgétaire -hors dons- de 20,7 milliards, mais qui passe à un excédent de 4,4 milliards dons inclus. L'affectation de cet excédent est donnée à l'article 7 de ladite loi : « *L'excédent des ressources extraordinaires de quatre milliards quatre cent soixante deux millions trois cent trente six mille cent sept francs Cfa (4 462 336 107 F Cfa) constitue une ressource destinée à l'amélioration de la Position Nette du Gouvernement (PNG) conformément aux accords du Programme d'Ajustement Structurel signé avec les partenaires au développement.*»

**<u>Tableau n°4-8</u>: Solde budgétaire de base** *(En milliards de f Cfa)*

| **Intitulé** | **1990** | **1992** | **1994** | **1996** | **1998** | **2000** | **2002** |
|---|---|---|---|---|---|---|---|
| Recettes | 77 | 88 | 126 | 197 | 237 | 263 | 354 |
| Dépenses | 74 | 112 | 197 | 221 | 267 | 309 | 433 |
| Solde | 3 | -24 | -71 | -24 | -30 | -46 | -79 |
| **Solde** *(en %)* | **4** | **-21** | **-36** | **-11** | **-11** | **-15** | **-22** |

Le tableau 4-8 indique des évolutions contrastées des agrégats recette et dépense. De 1988 à 2002 les dépenses du budget de base ont globalement évolué d'environ 556% alors que les recettes n'ont progressé que de 510%. En 1990, le solde était excédentaire à 3 milliards de F Cfa, avant de se dégrader les années suivantes, particulièrement en 1994 où il atteindra le déficit record de 71 milliards.

Sur la période, l'on remarque qu'avant 1994, les dépenses du budget de base croissaient plus vite que les recettes. La faible progression des recettes par rapport aux dépenses a constamment entravé la réalisation d'un solde équilibré. Mais la dynamique s'inversera à partir de 1994 où les recettes augmenteront plus vite que les dépenses : 180% contre 119%, ce qui modifiera également le niveau de déficit. En valeur relative le déficit global de base est resté élevé à plus de 10% depuis 1996. Même les améliorations notables survenues après 1994 n'auront pas contribué à redresser le déficit qui doublera, passant de -11% en 1998 à -22% en 2002.

Le solde global de base en pourcentage du P.I.B. schématisé par le graphique n° 4-1 a également évolué dans des proportions irrégulières depuis 1984. Il évoluera en dents de scie entre 1986 et 1996 : de –1% du P.I.B en 1984, il marque un niveau satisfaisant en 1990, avant d'atteindre un creux à -7% en 1994, jugé admissible car deçà des projections établies. Cependant son niveau ne s'améliore guère après 1996, il reste à –2% entre 1996 et 1998, avant de baisser à environ -3% en 2000, puis à -4% en 2002.

Graphique n° 4-1. Dépenses publiques et solde de base en % du P.I.B.

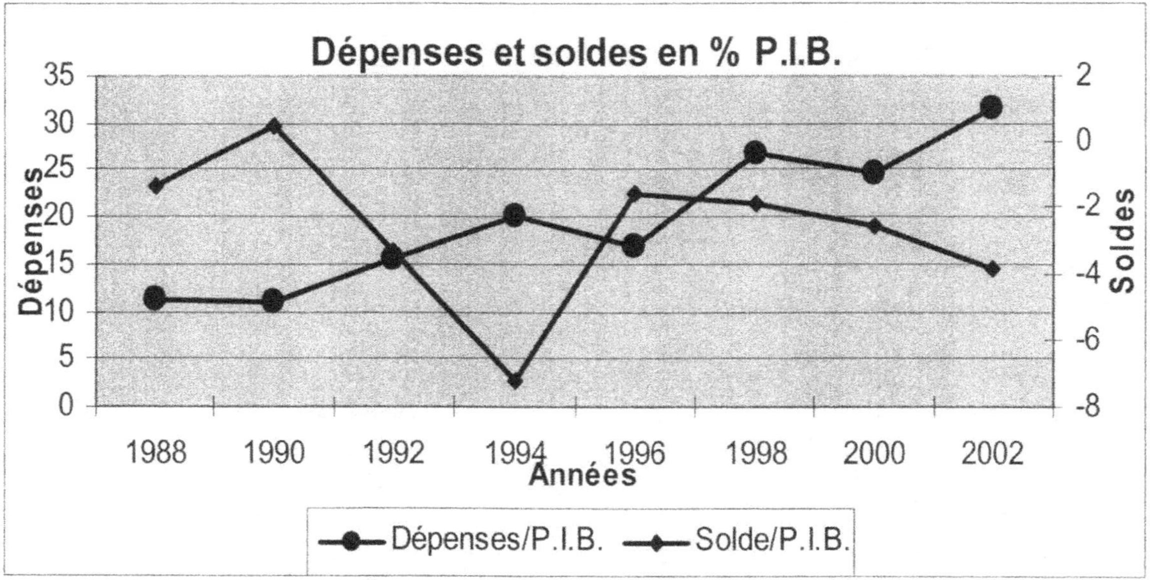

### 3-Le financement

Les opérations budgétaires sont classées en opérations à caractère définitif et en opérations à caractère temporaire, les deux séparées par une « *ligne* ». Les opérations définitives du budget sont celles financées par l'impôt et qui n'ont aucun caractère récurrent alors que les opérations à caractère temporaires sont celles financées par emprunt ou celles relatives à des prêts, et qui possèdent un caractère récurrent.

Le solde des recettes définitives et temporaires et des dépenses définitives et temporaires de l'Etat correspond au financement. Il est la contrepartie du solde budgétaire -excédent ou déficit- qui consacre l'équilibre financier des opérations du Trésor en base caisse. Il est constitué de l'ensemble des ressources de trésorerie qui composent le solde en cas d'excédent budgétaire ou des moyens concourant à la couverture du déficit.

Le financement peut être calculé pour chaque niveau d'administration ainsi que pour l'ensemble des administrations publiques –consolidation-. A cause de la faiblesse de l'intégration des comptes des administrations au budget de l'Etat, l'évaluation du financement se limite au niveau des opérations de l'administration publique centrale.

Le financement du déficit des opérations au dessus de la ligne -insuffisance des ressources permanentes par rapport aux charges définitives- demandera la mobilisation des avoirs détenus par le Trésor ou l'accroissement de ses engagements pour financer ledit déficit. Dans ce dernier cas il est fortement souhaité que le déficit soit plutôt la conséquence d'une politique délibérée d'accroissement des dépenses d'investissement susceptibles de générer à terme des revenus assurant le remboursement des emprunts contractés que d'une augmentation des dépenses courantes de consommation de l'Etat.

## VI- LE ROLE DU TRESOR

La Loi 96/60 (Art. 19) détermine ainsi les attributions du Trésor : « Outre l'exécution des recettes et des dépenses décrites aux articles 5, 6, 7, 8 et 9, le Trésor Public effectue sous la responsabilité de l'Etat, des opérations de trésorerie comprenant :

-des émissions et remboursements d'emprunt ;

-des opérations de dépôt, sur ordre, et pour compte de correspondants. »

La loi consacre les rôles de caisse et de banque de l'Etat du Trésor. A cet effet, le Trésor assure la garde des deniers publics ainsi que la conservation du portefeuille de l'Etat, de même que le financement des soldes budgétaires. En cas de déficit il assure la couverture du déficit par l'émission d'emprunts ou par la mobilisation de sa trésorerie.

La « *Situation d'exécution du budget d'Etat* » au 31décembre 1980 résume le moyen de financement du déficit comme suit : « *Le niveau du déficit est plus élevé que celui de l'année précédente (17,5 milliards de francs maliens). Cela s'explique par la forte expansion enregistrée au niveau des dépenses publiques du fait de l'augmentation des salaires, bourses et allocations scolaires etc. La couverture de ce déficit a été assurée par les recettes extraordinaires (17,3 milliards de francs maliens) et le solde des opérations de trésorerie. Malgré cela, les tensions de trésorerie ont persisté durant presque toute l'année compte tenu du volume des différés à la charge du Trésor.* ». Le déficit de près de 20 milliards de francs maliens a été couvert à 85% par des ressources extraordinaires soit 17 milliards de francs maliens, le reste, soit 3 milliards, requiert l'intervention du Trésor public.

En 2000, la note de présentation du budget rectificatif du ministre des Finances concluait que *«...le Projet de Budget d'Etat dégage un déficit prévisionnel de francs 34,606 milliards contre 34,820 milliards dans le budget d'Etat Rectifié. Ce déficit sera financé par des ressources provenant des aides budgétaires extérieures et la mobilisation de l'épargne nationale.»*

Les termes de la note de présentation du budget de 1980 pourraient s'appliquer invariablement aux budgets des années suivantes. Ceci révèle que le déficit du budget de l'Etat est largement financé par les dons reçus et les subventions- surtout dans sa partie relative aux dépenses d'investissement, par les tirages sur le Fonds Monétaire International ; les mouvements quotidiens sur le compte du Trésor à la banque centrale assurant les opérations de trésorerie. Toutefois l'éventualité évoquée d'un appel à l'épargne intérieure pour financer le déficit du budget de 2000 est une idée nouvelle qui marque la volonté des autorités de diversifier les sources de financement.

Au titre de l'article 16 des statuts de la BCEAO, la banque centrale assurait le financement monétaire des opérations de l'Etat à hauteur de 20% des recettes fiscales de l'année précédente. Mais depuis 1996[14] le Trésor malien n'ayant pas fait appel aux avances statutaires, le concours de la Banque Centrale se limite principalement à l'escompte des traites présentées.

Depuis les mesures de restructuration du marché financier ouest africain, la BCEAO, dans ses efforts d'encouragement de l'orthodoxie financière au sein de l'Union, a renoncé au financement monétaire des déficits budgétaires des Etats, laissant à ceux-ci l'opportunité d'orienter leur requête de financement vers le marché financier, notamment la Bourse régionale des Valeurs mobilières d'Abidjan.

Le Mali a fait l'expérience d'émission d'emprunts, quoique la pratique soit récente, les services du Trésor comptent faire de l'émission de bons et d'emprunts des opérations régulières pour financer les opérations budgétaires. En 2003 l'opération d'émission emprunts obligataires, initialement prévue à l'échelle du marché sous régional, a été entièrement souscrite sur le seul marché national. Cette réussite témoigne de la confiance des épargnants en la signature du Trésor malien. Mais la structure du portefeuille des banques maliennes étant dominée par les dépôts à court terme, l'émission d'obligations du Trésor pour financer des opérations de long terme nécessite la diversification des produits financiers par les banques et les institutions financières afin de disposer de ressources à long terme au lieu des dépôts à vue des clients dans les banques.

Les valeurs globales détenues par le Trésor pour couvrir le solde des opérations du budget de l'Etat se composent des fonds de réserves, des dépôts des correspondants du Trésor, de divers dépôts à la Caisse de dépôts et de Consignation, des avoirs des comptes spéciaux. Au milieu des années 80, le Trésor traînera pendant longtemps les conséquences d'un incident majeur survenu

[14] Cf. BCEAO, Rapport annuel 1998, p 68, paragraphe 2.

chez un de ses correspondants qui paralysera la trésorerie de l'Etat, entravant l'exécution correcte des budgets successifs.

En effet, alors que le pays engageait la première phase du programme de stabilisation de ses finances publiques, une vaste arnaque financière dénommée *« l'affaire des CCP »* mettra à mal la liquidité des paiements de l'ensemble de l'économie malienne entre 1984 et 1990. Le paiement par la Poste à des tiers d'importantes sommes d'argent en règlement de faux mandats émis à l'étranger a complètement asséché la trésorerie -dépôts des épargnants sur compte courant postal et fonds propres- de l'Office national des Postes. En couverture de leurs diverses opérations, les déposants à la Poste émettaient des chèques qui se négociaient avec une décote de 20 à 35% contre espèces sonnantes et trébuchantes. Un marché « spéculatif » était né. La majorité des contribuables -dont les entreprises publiques et les grosses sociétés commerciales- qui possèdent une certaine liquidité a contribué à alimenter et à enfler ce marché. En achetant des titres CCP pour le tiers de leur valeur, ils le déposaient sur leur compte à la Poste, puis ils réglaient avec leurs impôts ainsi que leur déclaration en douanes, si bien que les guichets du Trésor qui ne pouvaient refuser des chèques dûment certifiés par la Poste, emplissaient de tels moyens de paiement qui ne contribuaient qu'à exacerber le défaut de liquidité. L'encaisse du Trésor se trouvera vite « plombée » par ces chèques en bois qui ne pouvaient servir ni à payer les salaires des fonctionnaires ou les pensions des retraités, ni à régler les fournisseurs des services publics, ni à payer la dette publique.

Dans ce contexte de la *crise des CCP,* le respect des critères de réalisation des programmes de stabilisation -niveau de recettes et plafond d'impayés au Trésor public- était une gageure. La résolution de la crise prendra du temps et elle passera d'abord par le gel des moyens de paiement, et le règlement global surviendra à la faveur d'un plan de restructuration de l'Office national des postes et télécommunication dont la scission donnera naissance à la société des télécommunications ainsi qu'à l'embryon de la présente Banque de l'habitat du Mali.

La Directive n°06/98/UEMOA portant Tableau des Opérations Financières de l'Etat –TOFE- codifie l'architecture dudit tableau en vue du calcul du financement des opérations des administrations publiques. Le tableau des recettes et dons (annexe n°1), le tableau n°3-2 des dépenses par nature, complétés par les comptes de trésorerie du bilan traités suivant les différents types d'ajustement, constituent les éléments de calcul du financement.

Le TOFE est un outil de gestion de la trésorerie de l'Etat qui aide à la bonne programmation financière des opérations budgétaires. L'assurance d'une exécution satisfaisante des missions de l'Etat commande une bonne planification des opérations financières de manière à couvrir l'ensemble des obligations de l'Etat dans l'espace et dans le temps.

La programmation financière doit couvrir l'année en dégageant les variations mensuelles projetées dans la trésorerie de l'Etat, de façon à assurer la couverture adéquate des charges. Au Mali actuellement, la programmation financière des opérations reste sommaire. Elle se limite à la répartition au jour le jour des recettes entre les différentes postes comptables pour couvrir les dépenses publiques. Cette faiblesse dans la planification financière favorise les tensions de trésorerie à chaque fois que se manifestent des décalages entre les flux entrant et les paiements.

En raison de ces décalages, les mandats budgétaires représentant les créances considérables de fournisseurs et autres prestataires de services restent en souffrance tout le long de l'année dans le circuit financier, dans l'attente d'une situation de trésorerie meilleure. La durée moyenne de règlement des créances s'étendait à plusieurs mois, quoiqu'elle se soit quelque peu raccourcie aujourd'hui. Le retard accusé par le Trésor public dans le règlement des fournisseurs représente pour ces derniers un coût financier pour lequel l'Etat paie *une prime de risque* par la surfacturation des services fournis aux administrations publiques. Si ces frais supplémentaires qui obèrent les charges du budget paraissaient légitimes en temps de crise financière, leur pérennisation en temps de trésorerie régulière ne se justifie point. Mais la surfacturation des commandes de l'administration est malheureusement devenue une pratique en voie de banalisation dont les principaux acteurs semblent s'accommoder.

La surfacturation des fournitures publiques se combine de nos jours du manque d'effectivité même de la dépense publique, une pratique hautement nuisible à l'efficacité de l'action publique.

En effet nombre de commandes des administrations régulièrement payées aux fournisseurs ne sont pas livrées, en violation de la règle du paiement après service fait qui veut que la livraison d'une commande de l'administration précède le paiement. La pratique est certes marginale encore mais son expansion en dépit des nombreuses recommandations professées pour y pallier est un sujet d'inquiétude. Elle met en exergue la faiblesse des contrôles de même qu'une certaine ingratitude dans la mission du ministère des Finances qui, en dépit de sa prérogative d'ordonnateur principal du budget, ne maîtrise pas l'exécution convenable des dépenses publiques dans les autres départements ministériels.

Le rôle de *gardien des deniers publics* du département des finances est souvent en opposition avec les souhaits des autres départements qui désirent toujours disposer de plus de crédits pour mener le maximum d'activités alors même que les ressources de l'Etat sont limitées. L'expérimentation l'année dernière de la dotation de chaque département ministériel en crédits budgétaires pour mener au mieux et de façon autonome leur programme d'activités, mais également d'affiner la présentation et l'analyse du budget fonctionnel en décongestionnant les *Charges communes*, n'a pas été globalement concluante. Le sens de la responsabilité n'a pas toujours prévalu chez les ordonnateurs dans la conduite de cette prénotion de la programmation budgétaire, car la plupart ont fait d'une bouchée les crédits alloués dans le cadre des frais de transport, des indemnités de déplacement et autres dépenses, au point de compromettre les missions légitimes de l'Etat.

Nombre de pratiques néfastes trouvent un terrain favorable à la concentration excessive des décisions ainsi que des crédits budgétaires - environ 90% de crédits sont concentrées à Bamako- au niveau des départements ministériels qui n'ont pas toutes la capacité de prendre les décisions opportunes au cours de l'année et de gérer les crédits à disposition. La concentration excessive des crédits au niveau central explique leur taux d'exécution moyen en cours d'année et, en conséquence, les rushes de fin d'année et pendant la période complémentaire pour l'utilisation, même sans objet, des crédits non entamés. La période complémentaire est celle de tous les excès ; tout y passe, pourvu que l'on ne *« perde »* pas les crédits restants, c'est-à-dire ceux non utilisés entièrement durant l'année. Son délai, quoique réglementaire, est devenu élastique au gré des contingences, en violation du postulat comptable de l'indépendance des exercices, postulat selon lequel l'activité économique d'une entité est découpée en périodes égales appelée exercices, et qui implique la nécessité de déterminer l'appartenance de chaque opération ou fait à un exercice donné.

Cette agrégation des décisions et des moyens au niveau de la capitale comporte des implications qui dépassent largement le cadre du présent ouvrage, mais dont nous soulignerons quand même qu'elle ne contribue pas à dynamiser l'activité économique dans les régions, sinon à favoriser la désertion des campagnes par les entreprises et les populations. En effet toutes les commandes publiques sont adressées aux seuls opérateurs économiques résidant dans la capitale. En conséquence tout entrepreneur ou commerçant installé dans une région et qui ambitionne le développement de son exploitation est tenté de délocaliser son entreprise, contribuant du coup au déclin de l'activité économique dans les provinces rurales.

En ce qui concerne les marchés publics, si leur attribution par voie d'appel d'offre reste une procédure objective, les conditions actuelles de leur adjudication ne garantissent pas toujours l'avantage pour l'Etat d'acquisition des biens et services au meilleur prix et dans les meilleures conditions, ni les conditions d'une saine concurrence entre les acteurs du secteur privé. Les transactions entre initiés dans l'adjudication des marchés publics par consultation restreinte, les acquisitions par entente directe sans justification valable ou celles accordées à titre exceptionnel en dérogation à la procédure d'appel d'offre, les marchés en régularisation de services déjà faits en violation des règles sont autant de procédés viciés, préjudiciables à la libre concurrence. Etant donné que les décisions de la direction des marchés publics sont sans appel, des recours doivent être offerts aux soumissionnaires lésés de contester les attributions de marchés publics faites en violation de l'éthique et la concurrence.

L'absence de contrôle dans l'attribution des marchés publics, ainsi que l'impunité des entrepreneurs privés peu scrupuleux et des donneurs d'ordre insoucieux de la préservation de l'intérêt public et de la bonne exécution des contrats de fourniture font perdre à l'Etat des ressources considérables. En raison des litiges ou de la défaillance d'adjudicateurs farfelus, des milliards de francs Cfa de mandats budgétaires s'accumulent d'année en année, en violation des principes budgétaires, sous forme de dépôts auprès des comptables publics dans l'attente du dénouement des différends nés au cours de l'exécution de marchés publics. Le coût d'opportunité de ces moyens considérables ainsi immobilisés, prive l'Etat de ressources pour satisfaire les besoins de la communauté. D'autre part, au plan statistique, l'accumulation de ces dépôts contribue également à accroître les impayés du Trésor.

La préservation des ressources de l'Etat sera au prix de la responsabilisation entière de l'ensemble des acteurs du processus budgétaire dans l'exercice de leurs prérogatives, à charge pour eux de rendre compte des manquements aux règlements et aux procédures. Il est impératif d'appliquer les prescriptions de la loi de finances et du Code des marchés publics -abandon des multiples et menues commandes des administrations adressées à des fournisseurs non qualifiés et sans grande surface financière, et de recourir à la procédure des achats par appels d'offre pour les commandes atteignant le seuil de marché, de faire preuve de discernement et de rigueur dans l'octroi des dérogations et autres faveurs-; de combler les insuffisances juridiques ou réglementaires qui permettent les interprétations subjectives des règles, par l'élaboration de textes réglementaires qui codifient les procédures aux fins d'une appréciation objective des opérations ; enfin de renforcer les organes de contrôle *a posteriori* dont les audits doivent être publiés.

# CINQUIEME PARTIE

# L'ENDETTEMENT PUBLIC

Les économistes classiques soutenaient la thèse d'un endettement public faible comme le corollaire du dogme de l'équilibre budgétaire. Selon eux, l'endettement public doit avoir un caractère exceptionnel : il doit être réservé au financement de la guerre ou d'opérations résultant de situation de force majeure. Mais à la suite de la crise économique de 1929, l'émergence des thèses keynésiennes donnera à l'endettement public sa justification. Face à l'insuffisance des ressources ordinaires pour financer les dépenses d'investissement public dans le but de restaurer l'équilibre macroéconomique, ces idées prônaient le déficit budgétaire, donc l'endettement de l'Etat.

## I- LE CONCEPT DE L'ENDETTEMENT

La dette publique est l'ensemble des engagements contractés par les administrations publiques envers les autres secteurs de l'économie et le reste du monde, qui seront réglés dans l'avenir.

L'emprunt public possède deux caractères : il est un instrument financier, il est également un instrument économique. Comme instrument financier il assure à l'Etat les moyens de financement de ses opérations en contractant des emprunts auprès des ménages et des entreprises. Comme instrument économique l'emprunt est un moyen de régulation économique qui permet de contenir les risques inflationnistes par ponction sur l'épargne privée lorsque les pouvoirs publics jugent abondants les flux monétaires propices à un accroissement de la demande.

L'encours de la dette publique représente le montant des emprunts publics et à garantie publique contractés par un pays à la fin d'une année. La dette publique d'un pays est classée par catégorie de créanciers et par catégorie d'instruments. Par catégorie de créanciers l'encours de la dette sera classé en dette intérieure et en dette extérieure. Par catégorie d'instruments, elle se décompose en dette à long terme et en dette à court terme.

La dette intérieure représente l'ensemble des engagements de l'Etat contractés sur le marché intérieur ; la dette extérieure est constituée des engagements émis vis à vis de l'extérieur. La dette à court terme est celle dont l'échéance est à moins d'une année et la dette à long terme est à échéance de plus d'une année.

L'encours de la dette publique obéit à la classification ci-dessous :

**1 -<u>Encours de la dette par catégorie de créanciers</u>**

**A. Dette intérieure**

Autres administrations
Autorités monétaires
Banques de dépôt
Divers créanciers
    *-Institutions financières*
    *-Entreprises publiques non financières*
    *-Secteur privé non financier*
    -Divers

**B. Dette extérieure**

Institutions internationales de développement
Gouvernements étrangers
Divers : *-Prêts et avances des banques étrangères*
    *-Crédits fournisseurs*
    *-Autres*

**Total de la dette = A+B**

**2 -<u>Encours de la dette par catégorie d'instruments</u>**

Obligations à long terme
Titres et bon à court terme
Prêts à long terme
Prêts et avances à court terme
Autres engagements

**Total de la dette par catégorie d'instruments**

Le niveau élevé de l'endettement public du Mali remonte aux premières années de l'indépendance du pays. Les gouvernements de l'époque avaient besoin de ressources pour financer les équipements et les infrastructures inscrits aux plans de développement. Face à l'insuffisance de ressources internes, l'endettement extérieur était devenu la source principale de financement des investissements publics.

Les évaluations économiques des projets étaient faites d'une part en terme de réalisation de l'indépendance économique et politique du Mali par la satisfaction des besoins du pays par la production nationale et, d'autre part, le remboursement correct de la dette du pays à la faveur des recettes générées par la part de la production exportée.

Mais l'essor économique du pays n'aura pas permis à l'Etat malien d'honorer toutes ses promesses, hormis dans les domaines de l'éducation et de la santé où les résultats obtenus ont été probants. Plusieurs handicaps ont freiné le développement économique du pays dès les premières années de son indépendance : sa continentalité, l'impéritie des cardes dans la gestion d'entreprises et, enfin, l'environnement sous régional hostile au nationalisme économique des dirigeants maliens qui prônaient l'indépendance sans équivoque par rapport à l'ancienne métropole.

En plus, durant les années 70, le pays ne fut pas épargné par les conséquences de la crise du pétrole et la tourmente de l'endettement international des pays pauvres. L'abondance de liquidité des marchés à la suite de l'augmentation subite du revenu des pays producteurs de pétrole a suscité la nécessité de recycler cette abondante manne, entraînant ainsi une expansion rapide des crédits internationaux en direction des pays en développement dont les économies avaient d'importants besoins de financement. Le Mali n'a pas échappé à la tentation d'emprunter cet argent facile pour financer tous ses projets de développement rural.

Aucun projet créé à la suite de ces opérations d'emprunts massifs n'a pu assurer son autofinancement au terme du financement extérieur. Le contexte politique de l'époque favorisant la gestion laxiste des affaires publiques, le Mali aura emprunté pour de projets sans grande réussite économique. Et le démantèlement des O.D.R. et des entreprises publiques laissera à l'Etat une ardoise considérable d'engagements vis-à-vis tant de l'intérieur que de l'étranger qu'il continue de payer de nos jours.

Les statistiques sur la dette publique du Mali sont quasi confidentielles[15]. Elles ne figurent même pas dans les *Comptes économiques du Mali*. L'enregistrement systématique des flux de la dette extérieure n'est pas comptabilisé par le Trésor. En conséquence, le recoupement des informations parcellaires recueillies sur le sujet avec les données de la Balance globale du Trésor est impossible, ce qui n'en permet pas une analyse détaillée permettant d'en faire ressortir les mécanismes. Cependant dans la perspective du passage de la comptabilité de l'Etat de la comptabilité financière à une comptabilité de type patrimoniale, les directives communautaires décrivent les procédures de comptabilisation de l'ensemble des ressources budgétaires dont les emprunts de l'Etat et leur remboursement.

## II- LA DETTE PUBLIQUE DU MALI

L'encours de la dette publique du Mali est croissant il est de 1824 milliards en 2002. L'évolution majeure dans l'endettement extérieur du Mali est la dévaluation du Cfa en 1994 quand la dette publique extérieure du Mali passe de 716 milliards de Cfa en 1992 à 1505 milliards en 1994 soit un accroissement de 110%. Cette situation s'accompagne de la détérioration de l'ensemble des ratios liés à l'endettement –Cf. tableau 5-1, avec cependant une atténuation en 1996 en raison des remises de dette consenties par certains pays créanciers du Mali.

La dette publique du Mali est majoritairement à long terme -plus de 90%-, avec une dominante de la dette bilatérale - dette envers les gouvernements étrangers. Le niveau de la dette privée est de nos jours marginal à cause de l'attention particulière qui lui a été porté par les intervenants extérieurs dans les programmes d'aide. En effet, au cours des programmes de stabilisation, les pays donateurs et les institutions financières internationales ont tenu à régler parmi la question globale de l'endettement extérieur celle de la dette privée du pays –c'est-à-dire les dettes de l'Etat proprement dit ainsi que celles à garantie publique à l'endroit des entreprises étrangères, particulièrement

[15] En réalité la rétention d'information relative à la dette publique est à l'encontre de l'opinion interne uniquement depuis que le niveau de l'endettement public est devenu un sujet de préoccupation de la classe politique. Mais les informations sont quand même disponibles dans les publications de la BCEAO, quoique les données retracent des opérations d'exercices antérieurs.

européennes – soit en accordant des prêts à l'Etat malien pour éponger sa dette vis-à-vis du secteur privé étranger ou des subventions affectées à leur règlement. La plupart des entreprises étrangères qui ont réussi de la sorte à sauver leur mise ont évité à l'avenir tout risque et se sont retirées des affaires avec le secteur public malien, contribuant ainsi à rendre la dette extérieure du pays insignifiante.

Le reflux de la dette privée extérieure et la baisse de la dette bilatérale que l'on remarque se sont opérés parallèlement avec la montée de l'endettement multilatéral du Mali. Ceci exprime la limitation de l'engagement financier des pays créanciers dans le sillage des programmes de réformes du Fonds Monétaire International. Alors que la part de la dette bilatérale baissait de 58% en 1988 à 45% en 1996 de l'encours de la dette publique, la dette multilatérale dont l'essentiel provenait des tirages sur le F.M.I. augmentait de 34% à 50% en 1996.

**Tableau n°5-1 : Variantes de la dette publique**

| Rubriques | 1990 | 1992 | 1994 | 1996 | 1998 | 2000 | 2002 |
|---|---|---|---|---|---|---|---|
| Encours dette | 636 | 716 | 1505 | 1532 | 1760 | 1702 | 1824 |
| P.N.B. | 694 | 761 | 1085 | 1411 | 1640 | 1794 | 1952 |
| Dette/PNB (en %) | 92 | 94 | 139 | 109 | 107 | 95 | 93 |
| Exportations | 114 | 117 | 225 | 265 | 366 | 420 | 529 |
| Service dette /Export (en %) | 38 | 44 | 43 | 30 | 14 | 14 | 12 |

Le tableau ci-dessus donne un aperçu des indicateurs les plus couramment usités pour apprécier l'endettement public d'un pays. Il montre le niveau très élevé du ratio de l'encours de la dette publique du Mali à son PNB: 93%. De 101% du PNB nominal en 1988, ce ratio a baissé respectivement à 92% en 1990 et à 94% en 1992, après une très forte détérioration à 139% en 1994. Entre 1992 et 1994 l'accroissement de la dette extérieure a été plus fort que celui du PNB: 110% contre 43%. Du fait de l'inversion de la progression des deux variables, le rapport est en baisse constante, il passe de 139% en 1994 à 93% en 2002, soit une baisse de 46 points.

Le ratio du service de la dette aux exportations est une autre variable d'analyse de la dette publique d'un pays. Il désigne la proportion de ses recettes d'exportation que le pays consacre chaque année au remboursement du service de sa dette. Il est un élément d'appréciation de l'aptitude d'un pays à assurer ledit service en devises. Pour le Mali, le ratio du service de la dette aux exportations était de 22% en 1988, mais il est monté à 43% en 1994 avant de tomber à 30% en 1996. Le taux moyen pour la période de 35% indique que le pays consacrait plus du tiers de ses recettes d'exportation au service de la dette extérieure. L'accroissement des recettes d'exportation à la suite de l'augmentation de la production cotonnière ainsi que de l'or contribueront à l'amélioration notable du ratio du service de la dette aux exportations qui passera de 30% en 1996, à 14% en 1998, puis à 12% en 2002. La baisse de la part des revenus d'exportation consacrés au paiement de la dette laisse au pays davantage de ressources pour financer d'autres opérations en devises.

La politique nationale en matière d'endettement gagnerait à intégrer une approche stratégique en s'enrichissant d'exemples pratiquées sous d'autres cieux : affecter majoritairement l'endettement extérieur au financement des infrastructures de production visant le développement des exportations, tandis que l'endettement intérieur servirait au développement du potentiel de croissance interne.

La question de l'endettement public global du Mali - intérieur et extérieur- n'a été gérée de façon rationnelle et articulée avec les différentes politiques publiques que pendant les programmes de stabilisation des finances publiques. Auparavant seule la dette extérieure retenait l'attention des pouvoirs publics maliens tant pour le suivi de l'encours que son remboursement.

La dette publique intérieure recevait un traitement marginal ; même son montant réel n'était pas exactement évalué. Sa complexité n'a pas été toujours correctement perçue par les pouvoirs publics de l'époque, ni le poids qu'elle constituait sur la trésorerie des entreprises d'un secteur privé national fragile, en proie aux multiples difficultés du financement bancaire. La question de la dette intérieure a été réellement prise en charge assez tard par les autorités, avant de faire l'objet d'une évaluation exhaustive, puis de règlement. Depuis, la dette intérieure de l'Etat fait l'objet d'audits dans le but d'en connaître les causes, et d'en évaluer l'incidence budgétaire.

La dette intérieure de l'Etat comprend globalement les créances du secteur privé sur les administrations publiques, les dettes transférées à l'Etat des sociétés publiques dissoutes. Elle est estimée à environ 71[16] milliards de F Cfa. Elle se compose des impayés au niveau du Trésor public, des arriérés de paiement *« extrabudgétaires »,* des créances du système bancaire ainsi que de la dette des entreprises publiques liquidées ou privatisées.

Les impayés du Trésor sont les mandats de paiement régulièrement admis au Trésor mais non payés[17].

Les obligations de l'Etat au niveau du système bancaire se composent essentiellement du concours monétaire de la BCEAO, des créances qui ont fait l'objet de titrisation ainsi que d'autres engagements de l'Etat auprès des banques primaires. Elles s'élèvent à 46,2 milliards de F Cfa.

*L'audit des obligations de l'Etat* recense les arriérés de paiement budgétaires et les arriérés de paiement « *extrabudgétaires* ». Les premiers correspondent au redevances locatives, aux contributions aux organisations internationales et aux consommations -d'eau, d'électricité ou de téléphone- des services publics, en dépassement de leur dotation budgétaire annuelle, en raison soit de mauvaise évaluation des besoins des administrations ou des ajustements de crédit non opérés par rapport aux hausses de tarifs des services. Leur montant provisoire était estimé à 21,2 milliards de F Cfa. Les seconds types d'arriérés -qui n'auraient pas dû exister tout simplement- sont l'expression de l'indiscipline des donneurs d'ordres. Ce sont des dépenses illicites exécutées par les ordonnateurs en violation des conditions régulières de forme ou de fond de dépense prescrites par la loi. Cette catégorie d'arriérés se compose des engagements contractés par les ordonnateurs en connaissance de l'indisponibilité ou d'insuffisance de crédit budgétaire ou en violation des procédures d'acquisition de biens par appel à la concurrence. Leur montant est estimé à 3,2 milliards de francs Cfa en 2002.

---

[16] Ministère des Finances /Direction du Budget : Audit des obligations de l'Etat, novembre 2002.

[17] Il faut noter qu'en termes de dettes de l'Etat, les données officielles retiennent comme impayés uniquement les dettes qui ont fait l'objet d'un mandatement et qui se trouvent en attente de règlement au niveau du Trésor. Les autres catégories existent en tant que dette flottante. Elles ne seront appréciées comme élément à part entière de la dette intérieure que lorsqu'elles auront fait l'objet d'une prise en charge officielle en vue de leur mandatement.

La question des arriérés extrabudgétaires est un recommencement sans fin. Décriés en raison de leur caractère illicite et des relents d'indélicatesse qui les entourent, légitimement reniés par le département des finances en temps d'orthodoxie budgétaire, ils ont été toujours payés une fois passé le temps de la discipline. Les factures de ces dépenses ne pouvant être mandatées régulièrement au risque d'amputer les affectations de l'exercice courant, elles s'entassent dans les fonds de tiroirs des ordonnateurs qui se les lèguent à chaque passation de service, jusqu'à l'acceptation du principe de leur prise en charge par le ministre des Finances à la suite des pressions des associations professionnelles. Au total, au 31 décembre 2002, l'Etat cumule une dette intérieure d'environ 122,4 milliards de f Cfa –déficit budgétaire et impayés réunis-.

Ces manquements récurrents aux règles témoignent du manque de solidarité de leurs auteurs à l'endroit de l'effort national de redressement des finances publiques, rendant vains à chaque fois les sacrifices passés consentis par l'ensemble des catégories sociales durant les programmes d'ajustement pour lesquels le prix payé en termes de pertes d'emploi et de niveau de vie a été souvent dramatique. Ils constituent la confiscation par une minorité d'agents publics, qui endettent la communauté entière pour leur compte, des résultats des efforts endurés pour l'amélioration des conditions économiques et sociales de l'ensemble de la nation.

La dévaluation du franc Cfa de 1994 a été un facteur aggravant de l'endettement des pays africains de zone franc. A l'occasion, les pays africains ont eu peu d'arguments pour convaincre la communauté financière internationale de la nécessité d'atténuer l'effet du changement de parité sur la valeur de la dette extérieure publique libellée en devises. La question centrale pour les partenaires et les organisations internationales qui poussaient à la dévaluation était le gain de compétitivité des pays de la zone franc. La question de l'augmentation subséquente de la dette extérieure des pays africains qui résulterait de l'opération a été totalement occultée.

Les mesures d'accompagnement annoncées par les pays donateurs le FMI et la BM n'intégraient pas l'éventualité pour les Etats de la zone Cfa de parvenir après coup à un niveau d'endettement tolérable pour leur économie grâce à une remise de dette proportionnelle au taux de l'ajustement monétaire -les idées sur la réduction de la dette des pays pauvres n'étaient pas mures, dit-on dans les milieux de la coopération-. Voilà que dix ans après l'opération la question de la dette est au centre des entraves au développement de l'ensemble des pays de la zone franc.

Le niveau d'endettement des pays pauvres est jugé comme un handicap à leur développement, d'où le mouvement mondial de solidarité en leur faveur pour l'annulation pure et simple de la dette extérieure. Une frange importante de l'opinion internationale soutient que les solutions de réduction de la dette proposées aux pays pauvres en général, aux pays africains en particulier, restent imparfaites au regard des rapports d'échanges injustes qui leur sont imposés par les pays développés.

Plusieurs arguments se sont opposés sur la question de l'endettement international des pays en développement: les créanciers invoquant la loi d'airain de la dette –une dette contractée doit être remboursée- afin de ne pas déstabiliser le système financier mondial, les ONG et certains leaders sud-américains ont avancé des raisons économiques, morales, politiques, historiques, écologiques pour demander aux créanciers internationaux des pays pauvres, dont le FMI et la Banque Mondiale, l'annulation de la dette extérieure des pays pauvres afin de leur donner véritablement une chance de croissance économique soutenue leur permettant d'atteindre les objectifs du *Millénaire pour le développement des Nations Unis* en matière de scolarisation universelle des enfants dans le primaire, de réduction de la pauvreté, de la faim et de la mortalité infantile.

Les ONG internationales trouvent insuffisante la méthode d'appréciation de la viabilité de la dette des pays pauvres proposée à l'annulation. Certaines ONG suggèrent en conséquence de comparer les obligations de service de la dette d'un pays et son obligation de financer les programmes de réduction de la pauvreté afin d'évaluer la viabilité de la dette, et de combler le déficit de financement par le montant dégagé par l'allègement de sa dette. D'autres ONG demandent l'annulation totale et inconditionnelle de la dette extérieure des pays pauvres dont le Mali.

Dans ce débat d'idées sur l'annulation de la dette extérieure de l'Afrique, il importe de souligner que la société civile dans les pays occidentaux et sud-américains ainsi que leurs leaders d'opinion sont plus mobilisés que les dirigeants africains. Du fait de leur responsabilité dans l'endettement de leur pays, les arguments politiques et moraux invoqués pour réclamer son annulation ne militent pas en faveur de l'implication des leaders africains puisque une grande partie de la dette extérieure des pays africains, qualifiée d'odieuse, a été contractée par des régimes dictatoriaux qui ont détourné à leur profit personnel les emprunts contractés au nom de leurs peuples. Certains auteurs de ces forfaits sont encore aux affaires dans leur pays ou bien les mêmes systèmes politiques prévalent ici et là au moment où l'annulation de la dette de leur pays est réclamée au nom de la morale, ils ne peuvent demander aux prêteurs l'annulation d'une dette qu'ils ont eux-mêmes contractée à leur propre profit.

En tout cas l'Afrique ne semble pas pouvoir exprimer de position sur la question de son endettement à l'instar des pays sud américains qui, en 1986 à Punta del Este, ont manifestement privilégié la stabilité politique et la paix dans leur pays à l'austérité économique dans le but de rembourser la dette extérieure. Et il n'existe pas non plus de front uni, solidaire, des pays du sud pour proposer une solution sur le désendettement des pays en développement. Certes elle remonte à loin la période des prises de position politique solidaire des pays non alignés dont les anciennes figures de proue, notamment les pays du sud-est asiatique, l'Inde et la Chine, qui étaient sensiblement de même niveau de développement que les pays africains, sont aujourd'hui des pays dits émergents dont les préoccupations sont assez éloignées de celles des pays africains en ces temps de mondialisation.

Mais de l'intérieur de l'Afrique, aucune voix officielle n'est venue soutenir les positions progressistes des pays d'Amérique latine sur la question de la dette extérieure. Les pays africains n'ont pas de position politique sur la question de leur endettement ni de proposition sur les voies de sa réduction. Même le gouvernement de l'Afrique du sud post-apartheid a atténué son argument de renier la dette des gouvernements racistes blancs précédents, alors que tous les arguments cités se prêtaient au reniement de cette dette car elle avait été contractée pour réprimer les revendications légitimes de la majorité noire en vue de pérenniser le régime blanc raciste. Récemment encore, le gouvernement nigérian n'a pas suivi une initiative parlementaire de moratoire sur le paiement de la dette extérieure du pays, alors même que la preuve a été faite de détournements considérables de fonds publics nigérians, déposés dans des banques européennes, et qui financent les économies des pays développés.

Les rares cas de procédures judiciaires de restitution des fonds volés aux peuples africains n'ont pu faire école. Le secret bancaire en vigueur dans les pays occidentaux couvre les détournements de fonds publics, et les gouvernements africains issus d'alternance politique ne disposent pas de l'écoute nécessaire en Europe ou en Amérique pour exiger la restitution des avoirs spoliés de leurs peuples. Sous la pression de certains cercles économiques et des banques sur les dirigeants politiques, la plupart des gouvernements, souvent fragiles, préfèrent adopter profil bas par rapport à la revendication d'annulation de la dette des pays africains.

L'argument moral est invoqué également pour souligner la responsabilité partagée des créanciers dont le FMI et la BM qui ont mis les économies des pays africains sur la voie de politiques qui n'ont pas donné les résultats escomptés en matière de croissance économique. La responsabilité de l'échec est donc partagée puisque les pays débiteurs ont obéi à ces politiques sous la pression des créanciers.

Encore une fois l'Afrique doit se prendre en charge et parler pour elle-même. À travers de grandes ONG internationales, elle dispose au sein des opinions publiques occidentales de relais appréciables d'amitiés et de sympathies à sa cause, susceptibles de sensibiliser les décideurs dans les pays créanciers pour un infléchissement de leur exigence sur le remboursement de la dette des pays en développement. Pour cela, les gouvernements africains savent compter d'autre part sur l'expertise technique d'éminentes personnalités pour élaborer et soutenir une position commune, juste, sur la question de l'allègement substantiel de la dette extérieure dont le service excessif accapare des parts considérables de ressources publiques.

La défaillance financière des économies surendettées a conduit au pis-aller des rééchelonnements récurrents de dettes, moyennant des taux d'intérêt en hausse constante, dont l'accumulation a fini par piéger les pays qui ne peuvent se tirer tout seul ce piège. L'effet cumulé des augmentations des taux d'intérêt, des dépréciations des taux de change des monnaies nationales, des appréciations des monnaies de règlement ont amené les économistes à annoncer que les pays débiteurs ont remboursé plusieurs fois déjà une certaine partie de leur dette extérieure. Le transfert net négatif de flux au détriment des pays africains est un argument invoqué pour l'annulation de la dette extérieure de l'Afrique afin de donner une chance réelle aux pays endettés d'investir et de se développer.

Depuis la crise de l'endettement survenue au Mexique en 1982, plusieurs plans de sortie de crise ont été présentés sans succès, allant du plan Baker au plan Brady. A défaut de l'annulation totale préconisée par la société civile dans la plupart des pays développés, l'*Initiative de réduction de la dette des pays pauvres très endettés* dévelopée récemment est jugée insuffisante. Le mécanisme d'annulation de la dette au titre de cette initiative est jugé dilatoire car il exige des pays requérants un parcours long et incertain à terme si le pays requérrant ne répondait pas aux conditionnalités posées. Par certains aspects, il semble être un prolongement de la politique d'ajustement structurel des années 80 par les *« réformes structurelles essentielles »* -les privatisations- qu'il impose au pays. En conséquence, à cause de la faiblesse du capital privé local et du manque d'expertise des nationaux, les dernières entreprises publiques ayant survécu aux précédents programmes d'ajustement structurel, et qui opèrent dans des domaines hautement sensibles pour l'économie de leur pays à savoir celles des filières de l'électricité, de l'eau, de la téléphonie, et pour le Mali sa filière coton, passent sous la coupe d'entreprises internationales.

D'autre part, le bénéfice de l'Initiative de réduction de dette semble être un piège pour le Mali dont le budget sombre dans le gouffre du déficit à cause de la mauvaise appréciation des

**Encadré n° 5 : Le niveau de l'endettement public du Mali**

Le niveau de l'endettement public du Mali est un thème de préoccupation majeur dans les débats actuels de la classe politique. Il est même qualifié d'« hypothèque » sur l'avenir des générations futures.

Les inquiétudes exprimées sur le sujet concernent essentiellement de la valeur nominale de l'encours de la dette extérieure du pays. L'importance de la dette d'un pays est mieux perçue si elle est rapportée à des variables telles que la richesse nationale, les recettes d'exportation ou les recettes budgétaires, ou si son analyse s'enrichit de la comparaison avec les ratios de pays de niveau de développement semblable.

L'examen des statistiques montre que le ratio de l'encours de la dette publique du Mali au PNB a toujours été très élevé par rapport à ses voisins. En 1970 déjà il était de 71%, contre 6%au Burkina Faso et 15,2% au Sénégal.

Les changements de parité de la monnaie survenus en 1984 et en 1994 entraîneront à chaque fois le doublement de la valeur nominale de la dette extérieure du pays libellée en devises étrangères.

Par conséquent, au cours des décennies 80 et 90, le ratio dette/ PNB se détériorera à la suite du taux de change (voir tableau n°5-2). Il atteindra 122% en 1985 à la disparition du franc malien, puis il a croîtra à 139% en 1994 après la dévaluation du F Cfa.

Entre 1992 et 1994, l'encours de la dette a augmenté plus vite que le revenu national. Cette situation, périlleuse à terme, s'inversera les années suivantes à la faveur de la croissance économique plus forte. En même temps, d'autres ratios tels que le rapport du service de la dette aux recettes fiscales ainsi que du ratio du service de la dette aux exportations sont en amélioration depuis 1994. Cependant leur évolution globale sur les dix dernières n'est pas constante.

La comparaison des prévisions de 2002 de la BCEAO relatives au ratio de l'encours de la dette publique à la richesse nationale des pays de l'UEMOA confirme les remarques couramment formulées sur le niveau excessif de l'endettement du Mali : 93,6% pour le Mali contre 59,3% au Burkina Faso, 65,2% au Bénin, 70% au Sénégal.

Il importe également de savoir la nature des activités financées par des emprunts extérieurs. L'accroissement de la dette publique dans le but de financer des dépenses d'infrastructures est admissible. Mais il est important de veiller à la bonne gestion de ces infrastructures de façon qu'elles contribuent à dynamiser la production économique et à accroître la compétitivité globale de l'économie afin d'assurer le remboursement des emprunts contractés.

Au tout début de l'indépendance du pays, les emprunts destinés au financement d'investissements publics ont été nombreux avec des résultats variés suivant le domaine d'investissement. On peut noter que si des résultats impressionnants ont été obtenus dans les domaines de l'éducation et de la santé, ils sont restés en deçà des espérances dans le domaine de la production dont l'accroissement espéré était censé renforcer l'indépendance du pays et accroître la compétitivité de l'économie. La plupart des emprunts projets contractés à l'indépendance du pays et même plus tard n'ont pas produit les résultats escomptés.

Si dans le budget d'un pays les dépenses d'investissement sont les plus désirées à cause de l'accroissement de la production qui en est attendu, toute dépense d'infrastructures n'améliore pas forcément la production d'un pays. A cet égard, des interrogations subsistent sur celles de la coupe d'Afrique des nations par exemple, –environ 200 milliards de F Cfa-, qui, en plus d'avoir accentué l'endettement global du pays, ont accru sa dépendance vis-à-vis de l'extérieur à cause des besoins de maintenance des équipements importés.

Aujourd'hui le Mali honore convenablement le service de sa dette à terme échu. La solvabilité n'est pas en cause en raison de l'apport au budget de ressources exceptionnelles depuis quelques années. Cependant le niveau très élevé de l'encours de sa dette extérieure n'est pas propice au développement du pays.

des données. Si l'objectif des programmes de réduction de la pauvreté est d'orienter les moyens autrefois destinés au paiement du service de la dette extérieure vers les dépenses sociales ciblées, *les moyens dégagés* ne correspondent en vérité ni à un transfert réel de ressources ni à des ressources nouvelles secrétées par la fiscalité. L'annulation de la dette est constatée par un jeu d'écriture qui implique l'enregistrement en recettes budgétaires de l'équivalent de la remise annuelle de la dette inscrite au passif du bilan.

L'inscription budgétaire pour l'exercice 2004 des dépenses sociales au titre de l'initiative PPTE s'élève déjà à 34 milliards de Cfa. Elle s'ajoute aux dépenses récurrentes du budget de l'Etat sans en évaluer l'incidence qui pèse lourdement aujourd'hui sur les moyens financiers du Trésor public. Faute de recettes nouvelles ou croissantes ou d'un ajustement compensatoire dans les charges du budget ou d'un réaménagement de la structure du budget pour réaliser les dépenses sociales de réduction de la pauvreté, il serait illusoire de vouloir réaliser convenablement les programmes de réduction de la pauvreté et de respecter l'équilibre des comptes publics durant les dix années à venir. Aussi l'Initiative PPTE, par l'obligation de dépenses sociales qu'elle impose à l'Etat sans discernement de l'environnement économique, plutôt que résoudre globalement la question de l'endettement du Mali, risquerait, à cause des déficits budgétaires qu'elle pourrait entraîner, de substituer à l'endettement extérieur actuel un endettement intérieur insupportable.

# CONCLUSION

Les réformes économiques et financières mises en œuvre par les autorités maliennes les vingt-cinq dernières années ont abouti, au plan des finances publiques, à des progrès remarquables tant dans l'architecture du budget de l'Etat que dans son exécution. Les mesures de politique budgétaire engagées visaient à corriger les distorsions dans la structure des agrégats pour accroître les moyens d'intervention de l'Etat ainsi qu'à résorber progressivement les déficits budgétaires chroniques. Elles ont abouti à un volume croissant du budget, sans commune mesure avec ceux des décennies antérieures.

Au plan de la politique budgétaire, l'occasion est opportune pour les autorités de mettre en phase l'action avec la politique contra cyclique proclamée, en déterminant les différentes composantes du budget suivant leur sensibilité à la production du pays, de manière à conférer aux finances publiques une croissance structurelle.

La recherche de l'efficacité dans l'action publique a amené les autorités nationales à changer la méthode de gestion des finances publiques en évoluant du budget de moyen vers la méthode du budget de programmes, avec en perspective l'appui budgétaire qui permettra l'intégration de l'ensemble des concours financiers extérieurs dans le circuit du Trésor. Cette évolution commandera de la part des pouvoirs publics un effort de crédibilisation des procédures par la confection d'un budget basé sur des informations fiables et pertinentes, ainsi qu'un effort de transparence des comptes publics qui conditionnera le maintien ou l'augmentation des flux d'appui extérieur si important dans le financement du budget d'investissement de l'Etat. Le budget devra être étayé par des données exhaustives, récentes et disponibles, de façon à entretenir un niveau de confiance élevé dans les comptes publics. En plus l'exécution correcte des programmes et des missions de l'Etat commande l'affinement de la programmation financière pour sortir la pratique budgétaire de l'action d'urgence dans laquelle elle est actuellement confinée et de conférer au budget la plénitude de ses fonctions.

L'essentiel des mesures de politique économique mises en œuvre les deux dernières décennies visait des objectifs quantitatifs. Et le satisfecit accordé au pays pour la réussite des réformes menées dans ce sens ainsi que pour la stabilité de ses finances lui ont valu l'éligibilité à l'initiative de réduction de la dette des pays pauvres. Toutefois, la faiblesse des indicateurs sociaux du pays conduit à des interrogations frustrantes sur la qualité des fondamentaux macroéconomiques, condition certes de stabilité et de croissance, mais qui n'ont pas suffi à assurer aux populations les conditions d'une vie meilleure.

Depuis peu, l'action publique semble s'être fixé ces objectifs qualitatifs à travers le Cadre stratégique de lutte contre la pauvreté dont le budget, expression quantitative et financière de choix économique et social du pouvoir politique, assure les moyens et la mise en œuvre. L'amélioration des conditions de vie des maliens passera nécessairement par la réappropriation par le gouvernement de la tâche de formulation de la politique économique et sociale -de la détermination des objectifs à la conception des programmes, à leur planification, à leur exécution ainsi qu'à leur suivi et leur évaluation constante.

Le développement économique d'un pays étant un processus essentiellement endogène et de longue durée, il est essentiel, au-delà des changements institutionnels qui rythment la vie politique du pays, d'assurer à la continuité dans les actions entamées. Ainsi les programmes engagés et qui reposent sur un large consensus national doivent être poursuivis et régulièrement évalués, au besoin améliorés et adaptés à l'évolution de la société. Ils devront tendre, dans leurs objectifs et dans leur stratégie, à encadrer l'ascension harmonieuse vers le développement de l'ensemble du corps social dans sa structure et dans les rapports entre ses diverses composantes.

Les autorités devront veiller à allier croissance économique et essor social des populations par une allocation des ressources telle que la dépense publique corresponde le mieux possible aux priorités des populations, ceci au moyen d'une déconcentration des décisions et des moyens budgétaires au plus près des populations de manière à restaurer à leurs yeux la crédibilité de l'Etat, mais en prenant soin d' une utilisation efficace des crédits budgétaires en évitant de transposer au plan local les avatars en cours au niveau central.

Pour l'avenir, les actions du futur se décidant aujourd'hui, les pouvoirs publics se doivent d'être prévoyants dans l'appréciation des défis qui se poseront à l'économie malienne à long terme, et développer en conséquence les stratégies appropriées pour y répondre. A long terme c'est la question majeure des ressources de substitution aux recettes exceptionnelles qui se posera au pays. La part des revenus de l'exploitation minière est devenue essentielle dans les ressources de l'Etat alors qu'elles proviennent de productions éphémères et non renouvelables dont la dépendance des finances publiques doit être limitée pour éviter au pays les incertitudes liées à la prépondérance dans ses ressources d'un produit dominant. Car sauf ressources nouvelles ou découverte de nouveaux minerais, dans une décennie environ le budget de l'Etat malien se trouvera sevré de deux sources importantes de revenu qui s'épuiseront presque simultanément. Quels revenus pérennes suppléeraient l'apport des ressources exceptionnelles pour financer les besoins sociaux croissants des populations? Quoique des indices prometteurs existent concernant d'autres productions, les ressources présentes devraient être utilisées comme levier à la diversification de l'activité économique afin d'assurer la relève de l'apport au budget des revenus de la production minière.

Il s'agira également de faire montre de solidarité intergénérationnelle en posant des ébauches de solution aux problèmes des générations futures en orientant l'action publique vers la préservation de l'environnement, la réduction de la dette extérieure, la promotion de la recherche scientifique et technique ainsi que des investissements par l'affectation même partielle des revenus présents ou du produit de la privatisation des entreprises publiques. Ceci contribuera indubitablement à assurer la stabilité du destin politique de la nation, en évitant la frustration des espérances placées dans les programmes comme les objectifs de développement humain qui ne méritent pas d'être déçus, à l'image de la devise chimérique des années 80 « *la santé pour tous en l'an 2000* ». En 1990, plus que les velléités démocratiques du microcosme politique, c'est l'incurie des autorités à satisfaire les revendications populaires essentielles qui a conduit au trouble politique douloureux que le Mali a connu. Les gouvernants se doivent d'assurer les conditions de la stabilité politique et économique nécessaires pour assurer la paix sociale et rendre le pays attractif à l'investissement privé national et à l'investissement direct étranger nécessaire à son développement économique.

Mais des actions engagées ou de celles à venir, aucun résultat tangible ne sera obtenu à long terme sans l'engagement sincère des pouvoirs publics à promouvoir la bonne gestion des affaires publiques. Il est temps d'instaurer un minimum de normalité dans la pratique budgétaire par le respect de la loi, l'imposition à tous et partout des règles édictées afin d'endiguer toutes les pratiques nuisibles à l'intérêt général en voie de banalisation, pratiques qui réduisent l'efficacité des interventions publiques, faussent les règles de la concurrence, découragent l'investissement privé, accroissent les inégalités sociales et fragilisent la cohésion de la nation.

Au plan sous-régional, l'intégration économique amorcée au niveau de l'UEMOA représente un challenge que les autorités se doivent de gagner. Tout en renforçant la solidarité entre les peuples, l'intégration économique fournit le cadre d'une saine compétition économique en Afrique de l'Ouest. L'observance par le Mali des critères de convergence édictés dans les directives communautaires est une opportunité de bonne gestion des finances publiques qui offre à l'économie nationale les conditions d'une croissance stable.

Cependant, à l'échéance de la période de convergence, l'économie malienne ne remplit pas les conditions de stabilité requises par le « *Pacte de convergence* ». L'engagement volontaire du Mali dans le processus ardu mais bénéfique à terme de l'intégration économique lui commande le respect de ses engagements communautaires ; et le pays en a les moyens. Il y va de son intérêt pour retrouver la place qui fut jadis la sienne dans le concert des nations.

# ANNEXES

**Annexe n°1** : **Tableau des recettes et dons** (En milliards de Cfa)

| Désignation | 1990 | 1992 | 1994 | 1996 | 1998 | 2000 | 2002 |
|---|---|---|---|---|---|---|---|
| **I Total recettes et dons.** | **76,8** | **122** | **219** | **269** | **262** | **309** | **436** |
| **II Total des recettes** | **76,8** | **87,9** | **126** | **197** | **237** | **263** | **354** |
| **III Recettes courantes** | **73,5** | **87,3** | **124** | **194** | **235** | **245** | **348** |
| **IV Recettes fiscales** | **66,7** | **82,9** | **117** | **186** | **226** | **236** | **339** |
| **1- Impôt /Rev. Bénéf. Gains Cap** | **13,2** | **12,7** | **25,1** | **37,7** | **41,4** | **39,4** | **54,6** |
| 1-1 Personnes physiques | 4,2 | 4,9 | 7,8 | 11,4 | 14,5 | 15,7 | 22 |
| IGR Rôles | 3,2 | 3,7 | 5,2 | 8,9 | 11,7 | 12,4 | - |
| IGR Salaires | 1 | 1,2 | 2,4 | 2,2 | 2,8 | 3,2 | - |
| IGR Régions | 0 | 0 | 0,2 | 0,2 | 0,1 | 0,1 | - |
| Impôts/ traitements et salaires | - | - | - | - | - | - | 22 |
| 1-2 Sociétés, Cie, Entreprises | 8,5 | 7,3 | 10,1 | 20,5 | 24,9 | 17,2 | 13,9 |
| Bénéfice industriel et commercial | 5,9 | 5,1 | 5,5 | 19,4 | 24,7 | 15,8 | 10,5 |
| Bénéf. Industriels et Commerciaux forfaitaires | 0,4 | 0,2 | 0,2 | 0,3 | 0,3 | 0,3 | 2,5 |
| Exercice précédent | 0 | 2 | 2,6 | 0,6 | 0 | 1 | 0,7 |
| Recettes/ exercices antérieurs | 2,2 | 0 | 1,8 | 0,3 | 0 | 0,2 | 0,2 |
| 1-3 Autres Impôt Revenu | 0,6 | 0,6 | 7,2 | 5,8 | 2 | 6,4 | 18,7 |
| Impôt / revenus valeurs mobilières | 0,6 | 0,6 | 7,2 | 5,8 | 2 | 2,2 | 5,8 |
| Taxe ad valorem/ Entrepr minières | 0 | 0 | 0 | 0 | 0 | 4,2 | 12,9 |
| Taxe de développement | 0 | 0 | 0 | 0 | 0 | 0 | 0 |
| Taxe Conjoncturelle | 0 | 0 | 0 | 0 | 0 | 0 | 0 |
| **2- Cotisation Sécurité Sociale.** | **0** | **0** | **0** | **0** | **0** | **0** | **0** |
| 2-1 Employés | 0 | 0 | 0 | 0 | 0 | 0 | 0 |
| 2-2 Employeurs | 0 | 0 | 0 | 0 | 0 | 0 | 0 |
| 2-3 Indépendants, sans occupation. | 0 | 0 | 0 | 0 | 0 | 0 | 0 |
| **3- Salaires main d'oeuvre Empl.** | **1,7** | **2,2** | **2,7** | **3,7** | **4,6** | **4,7** | **6,4** |
| Contribution forfaitaire | 1,7 | 2,2 | 2,7 | 3,7 | 4,6 | 4,7 | 6,4 |
| **4- Impôt sur propriétés** | **2,8** | **2,9** | **5,1** | **10,1** | **7,4** | **14** | **27,2** |
| 4-1 Périodiques, Immeubles | 1 | 1,3 | 2,2 | 3,4 | 3,2 | 9,7 | 21,1 |

| | | | | | | | |
|---|---|---|---|---|---|---|---|
| Impôt Foncier / bâtiments | 0,8 | 0,6 | 0,8 | 1,3 | 0,7 | 0,4 | 0,3 |
| Biens de main morte | 0,2 | 0,5 | 0,4 | 0,7 | 0,6 | 0 | 0 |
| Rev. val mob. titres de portefeuille | 0 | 0,3 | 1 | 1,5 | 2 | 9,3 | 20,8 |
| 4-2 Périodique Actif net | 0 | 0 | 0 | 0 | 0 | 0 | 0 |
| 4-2-1- Ménages | 0 | 0 | 0 | 0 | 0 | 0 | 0 |
| 4-2-2 Sociétés | 0 | 0 | 0 | 0 | 0 | 0 | 0 |
| 4-2-3 Droits de succession, donations | 0 | 0 | 0 | 0 | 0 | 0 | 0 |
| 4-4 Transactions financières et en capital | 1,4 | 1,6 | 2,7 | 6,5 | 4 | 4,3 | 6,1 |
| Enregistrement | 0,7 | 0,9 | 1,9 | 5,4 | 3 | 2,9 | 4,7 |
| Conservation foncière | 0 | 0 | 0,1 | 0,2 | 0,1 | 0,1 | 0,2 |
| Contrat d'assurance | 0,6 | 0,7 | 0,7 | 0,9 | 0,8 | 1,3 | 1,2 |
| 4-5 Non périodiques | 0 | 0 | 0 | 0 | 0 | 0 | 0 |
| 4-6 Autres impôts périodiques | 0,4 | 0 | 0,2 | 0,2 | 0,2 | 0 | 0 |
| Bétail | 0,4 | 0 | 0,2 | 0,2 | 0,2 | 0 | 0 |
| **5- Taxes/ biens et services** | **32,2** | **37,1** | **45,9** | **78,6** | **98,9** | **126** | **175** |
| 5-1 Vente, Chiffres d'Affaires, TVA | 20,8 | 19,8 | 25,1 | 54,3 | 59,6 | 86,4 | 134 |
| Taxes / Affaires et services | 1,9 | 1,7 | 2,7 | 3 | 4,4 | 8,6 | 7 |
| Service des Impôts | 1,9 | 7,2 | 9,1 | 19,7 | 20 | 31,2 | 42,7 |
| Cordon douanier | 12 | 10,9 | 13,3 | 31,6 | 35,3 | 46,6 | 83,8 |
| 5-2 Accises | 9,5 | 14,7 | 17,8 | 20,9 | 36,7 | 36,1 | 36,8 |
| Boissons alcoolisées | 0,4 | 0,3 | 0,4 | 0,5 | 1,2 | 1,2 | 1,4 |
| Carburants et lubrifiants | 3,3 | 12,2 | 15,9 | 19,9 | 33,4 | 33,7 | 30,1 |
| Cartouches et balles | 2,5 | 0 | 0 | 0 | 0 | 0 | 0 |
| Taxes /Tabacs et Cigarettes | 0,7 | 1,6 | 1,3 | 0 | 1,6 | 0 | 0 |
| Impôt spécifique /thé | 0,2 | 0 | 0 | 0 | 0 | 0 | 0 |
| Taxe sur cola | 0,4 | 0,2 | 0,2 | 0,2 | 0,1 | 0,2 | 0,1 |
| Impôt spécifique/ lait | 0,2 | 0 | 0 | 0 | 0,1 | 0,1 | 0 |
| Taxe unique à la consommation | 0,1 | 0 | 0 | 0 | 0 | 0 | 0 |
| Impôt spécifique/ sucre extérieur | 1,1 | 0,3 | 0 | 0 | 0 | 0 | 0 |
| Energie solaire | 0 | 0 | 0 | 0 | 0 | 0 | 0 |
| Taxes/ cycles | 0 | 0 | 0 | 0 | 0 | 0 | 0 |
| Impôts spécifiques sel | 0,4 | 0,1 | 0,1 | 0,1 | 0 | 0,5 | 0,1 |

| | | | | | | | |
|---|---|---|---|---|---|---|---|
| Impôt boissons gazeuses | 0,1 | 0,1 | 0,1 | 0,1 | 0,3 | 0,5 | 0,5 |
| Impôt spécifique/ sucre | 0 | 0 | 0 | 0 | 0 | 0 | 4,6 |
| 5-3 Bénéf. monopoles fiscaux | 0 | 0 | 0 | 0 | 0 | 0 | 0 |
| 5-4 Services déterminés | 0 | 0,2 | 0,1 | 0 | 0 | 0 | 0 |
| Taxe d'affrètement | 0 | 0,2 | 0,1 | 0 | 0 | 0 | 0 |
| 5-5 Utilisation biens mobil.- immob. | 1,9 | 2,4 | 2,8 | 3,5 | 2,6 | 3,2 | 4,7 |
| 5-5-1 Patentes, Licences | 0,2 | 0 | 0,3 | 0,6 | 0,4 | 0,2 | 0,7 |
| Vignette synthétique | 0 | 0 | 0 | 0 | 0 | 0,4 | 0,6 |
| Vignettes / Patentes | 0,2 | 0 | 0,3 | 0,3 | 0,3 | 0,1 | 0 |
| Licences | 0 | 0 | 0 | 0 | 0 | 0 | 0 |
| Abattages | 0 | 0 | 0 | 0 | 0 | 0 | 0 |
| Etablissements | 0 | 0 | 0 | 0 | 0 | 0 | 0 |
| Cartes transports | 0 | 0 | 0 | 0,3 | 0,1 | 0,1 | 0,1 |
| Taxe touristique | 0 | 0 | 0 | 0 | 0 | 0 | 0 |
| 5-5-2 Véhicules à moteur | 1,3 | 1,1 | 1,3 | 1,8 | 2,1 | 2,9 | 4 |
| TTR | 0,8 | 0,8 | 0,7 | 1 | 1,2 | 1,7 | 2,9 |
| Véhicules automobiles | 0,4 | 0,2 | 0,5 | 0,5 | 0,6 | 0,7 | 0,8 |
| Vélocipèdes | 0 | 0 | 0 | 0 | 0 | 0 | 0 |
| Cartes grises | 0 | 0 | 0 | 0,1 | 0,1 | 0,2 | 0,1 |
| Visite technique | 0 | 0,1 | 0,1 | 0,1 | 0,1 | 0,1 | 0,1 |
| Permis de conduire | 0 | 0 | 0 | 0 | 0 | 0,1 | 0,1 |
| Cession de véhicules | 0 | 0 | 0 | 0 | 0 | 0,1 | 0 |
| 5-5-3 Autres, Utilisation biens M.I. | 0,4 | 1,3 | 1,3 | 1,1 | 0,1 | 0,1 | 0 |
| Permis pêche et contravention | 0 | 0 | 0 | 0 | 0 | 0 | 0 |
| Permis chasse et contravention | 0 | 0 | 0 | 0 | 0 | 0 | 0 |
| Autres permis | 0 | 0,7 | 0 | 0 | 0 | 0 | 0 |
| Armes à feu | 0,1 | 0 | 0,1 | 0,1 | 0,1 | 0 | 0 |
| Pirogue | 0 | 0 | 0 | 0 | 0 | 0 | 0 |
| Charrette | 0 | 0 | 0 | 0 | 0 | 0 | 0 |
| Extraction | 0,3 | 0,6 | 1,2 | 1 | 0 | 0 | 0 |
| 5-6 Autres | 0 | 0 | 0 | 0 | 0 | 0 | 0 |
| **6 Commerce Internat.** | **8,7** | **18,7** | **25,4** | **42,4** | **60,4** | **42,6** | **64** |
| 6-1 Droit d'importation | 8,1 | 18,4 | 24,8 | 41,9 | 56,4 | 41,8 | 59,8 |
| 6-1-1 Droit de douane | 1,9 | 2,6 | 3,9 | 7,6 | 10,8 | 28,6 | 42,7 |
| Droit de douane | 1,9 | 2,6 | 3,9 | 7,6 | 10,8 | 28,6 | 42,7 |

| | | | | | | | |
|---|---|---|---|---|---|---|---|
| 6-1-2 Autres droits impor | 6,2 | 15,9 | 20,9 | 34,3 | 45,7 | 13,3 | 17,1 |
| Importation | 5,4 | 8,9 | 10,4 | 17,5 | 19,7 | 3,2 | 3,8 |
| Magasinage | 0 | 0 | 0 | 0 | 0 | 0 | 0 |
| Antérieur | 0 | 0 | 1 | 0,7 | 0 | 0,5 | 0 |
| Tabac | 0 | 0 | 0 | 0 | 0 | 0 | 1,8 |
| Imprimés et plombs | 0 | 0 | 0 | 0 | 0 | 0 | 0 |
| Marchandises diverses | 0 | 0 | 0 | 0 | 3,6 | 0 | 0 |
| Boissons alcoolisées | 0 | 0 | 0 | 0 | 0,3 | 1 | 0,3 |
| Importation de carburant | 0 | 0 | 0 | 0 | 0 | 0 | 0 |
| Import O.S.P. | 0,5 | 0 | 0 | 0 | 0 | 0 | 0 |
| Prélèvement Communautaire de solidarité | 0 | 1 | 4 | 2,1 | 2,5 | 0 | 0 |
| Taxe dégressive de protection | 0 | 0,3 | 0 | 0 | 0,1 | 0 | 0 |
| Taxe Conjoncturelle d'importation | 0 | 0,2 | 0 | 0 | 0,7 | 1,1 | 0,1 |
| Taxe de coopération régionale | 0,2 | 0,3 | 0 | 0 | 0 | 0 | 0 |
| Intérêts créditeurs douane | 0,1 | 0,1 | 0,3 | 0 | 0 | 0 | 0 |
| Compensation moins value | - | - | - | - | - | - | 1,3 |
| C.P.S. | - | 5,2 | 5 | 13,9 | 17,6 | 5,2 | 9,8 |
| T.P.C. | - | - | - | - | 1,1 | 1,4 | 0 |
| 6-2 Droit d'Exportation | 0,2 | 0 | 0 | 0 | 3,4 | 0 | 0 |
| Taxe d'export. | 0,2 | 0 | 0 | 0 | 3,4 | 0 | 0 |
| Export Dette publique | 0 | 0 | 0 | 0 | 0 | 0 | 0 |
| 6-3 Bénéfice sur Commerce Export Import | 0 | 0 | 0 | 0 | 0 | 0 | 0 |
| 6-4 Bénéfices de change | 0 | 0 | 0 | 0 | 0 | 0 | 0 |
| 6-5 Taxe / opération de change | 0 | 0 | 0 | 0 | 0 | 0 | 0 |
| 6-6 Autres | 0,4 | 0,3 | 0,6 | 0,5 | 0,6 | 0,7 | 4,2 |
| Ventes en douanes | 0 | 0 | 0 | 0 | 0 | 0 | 3,3 |
| Amendes & confiscation Douanes | 0,4 | 0,3 | 0,6 | 0,5 | 0,6 | 0,7 | 0,9 |
| **7 Autres recettes fiscales** | **8,1** | **9,3** | **13,1** | **13,4** | **13** | **9,9** | **12,1** |
| 7-1 Impôt de capitation | 2,9 | 0,7 | 0,1 | 0 | 1,3 | 0 | 0 |
| Minimum fiscal | 2,9 | 0,7 | 0 | 0 | 0 | 0 | 0 |
| Recettes sur rôles | 0 | 0 | 0,1 | 0 | 1,3 | 0 | 0 |
| Impôt forfaitaire flottant | 0 | 0 | 0 | 0 | 0 | 0 | 0 |

| | | | | | | | |
|---|---|---|---|---|---|---|---|
| 7-2 Droit de timbre | 2,7 | 2,4 | 3,6 | 5,4 | 5,8 | 4,2 | 4,6 |
| Droit de timbre | 2,7 | 2,4 | 3,6 | 5,4 | 5,8 | 4,2 | 4,6 |
| 7-3 Autres Impôts n.c.a. | 2,5 | 6,3 | 9,4 | 8 | 5,9 | 5,7 | 7,5 |
| Acompte provisoire / impôt ADIT | 0 | 0 | 0 | 0 | 0 | 0 | 0 |
| Rétrocessions | 0 | 5,3 | 8,3 | 6,3 | 3,6 | 2,5 | 4,8 |
| Différentiel d'intérêt | 0 | 0,4 | 0 | 0,2 | 1,8 | 0 | 0 |
| Rembours. prêts à particuliers | 0 | 0 | 0 | 0 | 0 | 0 | 0 |
| Recettes diverses | 2,5 | 0,6 | 1,1 | 1,5 | 0,4 | 3,2 | 2,7 |
| | | | | | | | |
| **V <u>Recettes non fiscales</u>** | **6,8** | **4,4** | **7,1** | **7,6** | **9,4** | **9,2** | **8,6** |
| **8- Excédent exploitation des U.P.M** | **0** | **0** | **0** | **0** | **0** | **0** | **0** |
| **9- Revenus de la proprt.** | **0** | **0,3** | **0,4** | **1,6** | **1,7** | **1,9** | **1,5** |
| 9-1 Des EPNF et IFP | 0 | 0 | 0,3 | 1,6 | 1,7 | 1,5 | 1,4 |
| Sociétés, Entreprises d'Etat | 0 | 0 | 0 | 0 | 0 | 0 | 0 |
| PMU | 0 | 0 | 0,3 | 1,6 | 1,7 | 1,5 | 1,4 |
| RCFM | 0 | 0 | 0 | 0 | 0 | 0 | 0 |
| Recettes /Dette Publique | 0 | 0 | 0 | 0 | 0 | 0 | 0 |
| 9-2 Autres revenus propriété | 0 | 0,3 | 0,1 | 0 | 0 | 0,4 | 0,1 |
| Valeurs mobilières | 0 | 0,3 | 0,1 | 0 | 0 | 0 | 0 |
| Occupation dom. Pub. & concessions ordinaires | 0 | 0 | 0 | 0 | 0 | 0,4 | 0,1 |
| Intérêts sur prêts | 0 | 0 | 0 | 0 | 0 | 0 | 0 |
| Redevance permis recher; Exploitation minière | 0 | 0 | 0 | 0 | 0 | 0 | 0 |
| Redevance bois, charbon | 0 | 0 | 0 | 0 | 0 | 0 | 0 |
| Remises sur obligations cautionnées | | 0 | 0 | 0 | 0 | 0 | 0 |
| Redevance hangar | 0 | 0 | 0 | 0 | 0 | 0 | 0 |
| Produit financier Dette publique | 0 | 0 | 0 | 0 | 0 | 0 | 0 |
| **10-Droits, frais adminis; Ventes** | **1,3** | **2,1** | **2,1** | **2,7** | **2,3** | **3,1** | **5,2** |
| Hôpitaux | 0 | 0 | 0 | 0,1 | 0,1 | 0,1 | 0 |
| Université | 0 | 0 | 0 | 0 | 0 | 0 | 0 |
| Production | 0 | 0 | 0 | 0 | 0 | 0 | 0 |
| Topo & T.P. | 0 | 0 | 0 | 0 | 0 | 0 | 0 |

| | | | | | | | |
|---|---|---|---|---|---|---|---|
| Statistique | 0,0, | 0 | 0 | 0 | 0 | 0,3 | 1 |
| Information | 0 | 0,2 | 0 | 0 | 0 | 0 | 0 |
| Retenue logement | 0 | 0 | 0 | 0 | 0 | 0 | 0 |
| Permis coupe bois | 0 | 0,1 | 0,1 | 0,1 | 0,1 | 0,1 | 0 |
| Concessions ordinaires | 0,1 | 0,1 | 0,1 | 0,1 | 0,1 | 0,4 | 0 |
| Aliénation domaine mobilier | 0 | 0,1 | 0,1 | 0,2 | 0,4 | 0,1 | 0,1 |
| Autres produits | 0 | 0,8 | 0,2 | 0,7 | 0,6 | 0,6 | 0 |
| Transactions forestières | 0 | 0 | 0 | 0,1 | 0,1 | 0,1 | 0 |
| Revenu de bacs | 0 | 0 | 0 | 0 | 0 | 0 | 0 |
| Permis de conduire | 0 | 0 | 0,1 | 0,2 | 0,1 | 0 | 0,1 |
| Droits de chancellerie | 1,1 | 0,7 | 1,4 | 1,2 | 1 | 1,4 | 3,8 |
| Poinçonnage de bijoux | 0 | 0 | 0 | 0 | 0 | 0 | 0 |
| Sports et Arts | 0 | 0 | 0 | 0 | 0 | 0 | 0,2 |
| Fonds national de logement | 0 | 0 | 0 | 0 | 0 | 0 | 0 |
| Production Kalana | 0 | 0 | 0 | 0 | 0 | 0 | 0 |
| **11- Amendes et confiscations** | **0,5** | **0,2** | **0,2** | **0,3** | **0,3** | **0,4** | **0,2** |
| Affaires économiques | 0 | 0,1 | 0,1 | 0,2 | 0,1 | 0,1 | 0,1 |
| Affaires judiciaires | 0 | 0 | 0 | 0 | 0 | 0 | 0 |
| Amendes arbitrées | 0,1 | 0,1 | 0,1 | 0,1 | 0,2 | 0,3 | 0,1 |
| Fourrières | 0 | 0 | 0 | 0 | 0 | 0 | 0 |
| Majoration 10% | 0 | 0 | 0 | 0 | 0 | 0 | 0 |
| Direction des impôts | 0 | 0 | 0 | 0 | 0 | 0 | 0 |
| Frais de poursuite | 0 | 0 | 0 | 0 | 0 | 0 | 0 |
| Produits saisis | 0 | 0 | 0 | 0 | 0 | 0 | 0 |
| Amendes /transactions. In | 0,4 | 0 | 0 | 0 | 0 | 0 | 0 |
| **12-Cotisation Caisse retenue Admistr. Publique.** | **0** | **0** | **0** | **0** | **0** | **0** | **0** |
| Cotisation des employés | 0 | 0 | 0 | 0 | 0 | 0 | 0 |
| **13- Autres recettes non fiscales** | **5** | **1,7** | **4,5** | **3** | **5,1** | **3,9** | **1,7** |
| Recouvrement / ordre recettes | 1,4 | 0,1 | 0 | 0 | 0 | 0 | 0 |
| Prélèvement Honoraires greffiers | 0 | 0 | 0 | 0 | 0 | 0 | 0 |
| Recettes sur liquidation | 2,4 | 0,6 | 2,6 | 1,6 | 1,8 | 1,4 | 1 |
| Pénalités sur Impôts directs & indirects | 0,5 | 0,5 | 1,7 | 1,1 | 2,5 | 1,9 | 0,3 |
| Produits divers | 0,8 | 0,5 | 0,2 | 0,3 | 0,7 | 0,6 | 0,4 |

| | | | | | | | |
|---|---|---|---|---|---|---|---|
| **VI <u>Recettes en capital</u>** | **3,3** | **0,6** | **1,8** | **3,1** | **1,5** | **18** | **6,3** |
| **14 Ventes biens et cap fixe** | **3,3** | **0,6** | **1,8** | **3,1** | **1,5** | **1,8** | **6,3** |
| Aliénation d'immeubles. | 3,3 | 0,6 | 1,8 | 3,1 | 1,5 | 1,8 | 6,3 |
| **15 Vente de stocks** | 0 | 0 | 0 | 0 | 0 | 0 | 0 |
| **16 Ventes terrains & actifs incorp.** | 0 | 0 | 0 | 0 | 0 | 16,2 | 0 |
| **VIII <u>Dons</u>** | **0** | **34,2** | **92,8** | **72,2** | **25,2** | **45,7** | **81,6** |

**Annexe n° 2** : Définition des soldes
*(Extrait de la Directive n° 06/98/CM/UEMOA)*

**Le solde global de base**:
Cet indicateur est défini comme le solde global hors dons et hors investissements financés sur ressources extérieures.

**Le solde primaire** :
Cet indicateur est défini comme le solde global hors dons et hors charges de la dette intérieure.

**Le solde primaire de base** :
Le solde primaire hors investissements financés par l'extérieur, est le solde primaire de base. Cet indicateur permet de mesurer la capacité du pays à assurer le service de sa dette

**Le solde courant**:
Egalement appelé épargne propre des administrations, le solde courant est défini comme la différence entre les recettes courantes (fiscales et non fiscales) et les dépenses courantes.

**Le solde hors opérations exceptionnelles**
(ou solde structurel) : Celui-ci reprend la définition du déficit global ou primaire, corrigé de sa composante conjoncturelle et des opérations non récurrentes.

## **Annexe n°3 : Liste des encadrés et des tableaux**

**Annexe n°4** : Liste des abréviations

BCEAO : Banque Centrale des Etats de l'Afrique Occidentale
BM : Banque Mondiale
CEAO : Communauté Economique de l'Afrique de l'Ouest
CEDEAO : Communauté Economique des Etats de l'Afrique de l'Ouest
FMI : Fonds Monétaire International
ODR : Opérations de développement Rural
ONG : Organisation non gouvernementale
PCE : Plan comptable de l'Etat
PPTE : Pays pauvres très endettés
SFP : Statistiques de Finances Publiques
TEC : Tarif extérieur commun
TOFE : Tableau des opérations financières de l'Etat
UE : Union Européenne
UEMOA : Union Economique et Monétaire de l'Afrique de l'Ouest
UMOA : Union Monétaire Ouest Africain

## BIBLIOGRAPHIE SOMMAIRE


### Ouvrages

- United Nations, International Monetary Fund, World Bank, European Union, OECD : System of National Accounts, Washington, 1993
- Fonds Monétaire International, Manuel de Statistiques de Finances Publiques, Washington, 1986
- Euzéby A., Hertchel M.L., Finances Publiques -*Une approche économique-*, Dunod, Paris, 1993
- Guillaumont P. : Croissance et ajustement - *Les problèmes de l'Afrique de l'Ouest-*, Economica, Paris, 1985
- Greffe X. : Economie des politiques publiques, Dalloz, Paris, 1993
- Lalumière P. : Les finances publiques, Armand Colin, Paris, 1989
- Llau P., Renversez F., Stratégie de financement des soldes budgétaires, Economica, Paris, 1988
- Muzellec R. : Finances publiques, Sirey, Paris, 1994
- Ouattara Amadou T. Les finances publiques du Mali et la théorie des finances, E.D.I.M., Bamako

### Publications - Revues

- Atul Sood, Les conséquences des excédents et des déficits budgétaires, Express sur le développement, n° 03, ACDI 1998
- Nihal Kappagoda, La crise de l'endettement : quinze ans déjà ! Express sur le développement, n° 03, ACDI 1997

### Documents

- Documents de l'exécution du budget, Direction Nationale du Trésor et de la Comptabilité publique
- Comptes Economiques du Mali, Direction Nationale de la Statistique et de l'Informatique
- Rapport annuel 2000, Banque Centrale des Etats de l'Afrique de l'Ouest
- Notes d'Information et Statistiques, décembre 2001, Union Monétaire Ouest Africaine, Banque Centrale des Etats de l'Afrique de l'Ouest,
- Impact financier de l'Initiative PPTE *Cas des 23 premiers pays,* Banque Mondiale, Juin 2001

### Textes

- Loi 96/060/ANRM, Relative à la loi de finances

- Loi 96/061/ANRM, Portant principes fondamentaux de la comptabilité publique
- Loi de règlement 1998
- Loi de règlement 2000
- Code général des Impôts du Mali
- Traité de l'Union Economique et Monétaire Ouest Africaine
- Directive n° 05/97 /CM/ UEMOA relative aux lois de finances
- Directives n° 04/98/CM/UEMOA /portant Nomenclature budgétaire de l'Etat
- Directives n° 06/98/CM/UEMOA /portant Tableau des opérations financières de l'Etat
- Acte Additionnel n° 04/99 U.E.M.O.A portant Pacte de convergence, de stabilité, de croissance et de solidarité entre les Etats de l'UEMOA
- Acte Additionnel n° 03/2003 modifiant l'Acte additionnel n° 04/99 du 08 décembre 1999 portant Pacte de convergence, de stabilité, de croissance et de solidarité entre les Etats de l'UEMOA

## Table des matières

## L'Afrique à l'Harmattan

**GÉOPOLITIQUE DE LA VALLÉE DU SÉNÉGAL. Les flots de la discorde**
*VANDERMOTTEN Céline*
Le conflit sénégalo-mauritanien de 1989 ne relève pas d'une querelle frontalière classique. Le fleuve Sénégal est source de vie et sa vallée cristallise de nombreux enjeux humains, politiques et environnementaux. Cet ouvrage examine les tenants et les aboutissants de tensions trop vite qualifiées d'ethniques, mais qui s'inscrivent en fait tant dans les suites de l'histoire précoloniale et coloniale que dans les difficultés économiques et écologiques majeures subies par le Sénégal et la Mauritanie et dans le contexte géopolitique de l'Afrique de l'ouest.
*(Coll. Etudes Africaines, 14,70 €, 166 p)* *ISBN 2-7475-5855-X*

**GUIDE DES ÉTUDES AFRICAINES**
*LOMBARD Raphaële*
Comment orienter ses études vers la recherche sur l'Afrique ? A quelle université s'adresser pour poursuivre un cursus en droit africain ? Comment obtenir des informations récentes sur le développement d'un pays ? Ce guide des études africaines a été rédigé pour aider à répondre à ces questions. Se présentant comme un petit annuaire, il répertorie un certain nombre de centres de recherche et d'associations à travers toute la France, de bibliothèques et centres de documentation, ayant pour point commun leur intérêt pour l'Afrique subsaharienne.
*(13 €, 138 p)* *ISBN 2-7475-6125-9*

**LES TENSIONS SUR L'ACTIVITÉ EN AFRIQUE DE L'OUEST**
**Une approche comparative Nord-Sud**
*GUILLON Roland*
L'Afrique de l'Ouest est une région du Sud dont les activités économiques sont soumises à des tensions. L'auteur se livre ici à une analyse socioéconomique et comparative de ces tensions. Il rappelle d'abord un certain nombre de spécificités locales ou régionales, pour introduire ensuite plusieurs traits qui sont liés à l'action des organisations internationales, ainsi qu'à la mondialisation. Il insiste sur le caractère universel des défis que constituent tant pour le Sud que pour le Nord la présence de l'économie informelle, la rencontre entre le marché et les communautés, la déréglementation et la dévalorisation du travail.
*(Coll. Ethique Economique, 12,50 €, 128 p)* *ISBN 2-7475-5572-0*

**A L'AUBE DE LA GÉOGRAPHIE AFRICANISTE**
**Trois précurseurs disparus "en tournée"**
*ROUGERIE Gabriel*
Jusqu'aux temps de l'entre-deux-Guerres, les seuls modes d'appréhension de la réalité africaine relevaient de l'ethnologie, de la linguistique, de la botanique ou de la géologie, essentiellement réalisés par les missionnaires et les administrateurs. En 1929 puis en 1942, J. Weulersse, J.C. Leclerc et J. Richard-Molard prennent contact avec cette Afrique. Tous moururent "sur le terrain", au cours de cinq années, au lendemain

de la Guerre. Cet ouvrage analyse leur oeuvre, et le développement d'une géographie faite d'Européens et d'Africains, qui a suivi la disparition de ces trois précurseurs.
*(Coll. Les tropiques entre mythe et réalité, 21,50 €, 250 p)* *ISBN 2-7475-5969-6*

**AFRIQUE : LES STRATÉGIES FRANÇAISE ET AMÉRICAINE**
*BAGAYOKO-PENONE Niagalé*
Cet ouvrage propose tout d'abord une réflexion sur le type de conflictualité que l'on constate actuellement au sein de la sous-région ouest-africaine et sur les mécanismes de prévention et de gestion des conflits qui y prévalent. Il offre par ailleurs un cadre d'analyse méthodologique pour les stratégies telles qu'elles sont aujourd'hui conçues en France et aux Etats-Unis, en mettant en évidence des paramètres tels le déroulement des processus de décision, les approches doctrinales et opérationnelles, les cultures stratégiques des deux pays.
*(Coll. Etudes africaines, 48 €, 620 p)* *ISBN 2-7475-5671-9*

**AFRIQUE CENTRALE, UNE RÉGION EN CRISE**
*Alphonse J-C. MNANNEE-BATSCHY, Raymond Timothée MACKITHA, ILUNGA LULLA, Jean-Pierre YETNA, Axel AUGE, MBOKA Kiese, MAWAWA Mâwa-Kiese.*
Plusieurs articles et réflexions sur les pays d'Afrique centrale : Perceptions, identités et Territoire en politique (Congo-Brazzaville) - La misère du droit dans la jungle politique congolaise - Quelle nationalité pour les Banyamulengue du Congo-Démocratique ? - Evolution de la liberté d'information au Cameroun 1960-1990 - La théorie de "l'école reproductrice" à l'épreuve de la réalité éducative au Gabon.
*(Coll. Recherches Africaines, 12,20 €, 122 p)* *ISBN 2-7475-5785-5*

**AFRIQUE DES FEMMES, AFRIQUE D'ESPOIRS**
*SKARD Torild. Préface de Catherine COQUERY-VIDROVITCH*
Qu'est-ce que l'Afrique en ce début du 21ème siècle ? L'Afrique des gens ordinaires, tout spécialement l'Afrique des femmes, celle des mères et des enfants. Ce sont elles, avant tout, qui œuvrent au développement des enfants, en assurant la subsistance de la famille, en recourant aux soins de santé primaires, en exigeant d'ouvrir l'école tant aux garçons qu'aux filles. Ce sont elles le maillon de la résistance sociale. Cette "ressource la moins utilisée au monde" donne la preuve de sa compétence et de sa responsabilité, lorsqu'on veut bien leur laisser le champ libre.
*(31 €, 368 p)* *ISBN 2-7475-6172-0*

**L'AFRIQUE ENTRE OMBRE ET LUMIÈRE**
**Carnet de route d'un journaliste**
*SIGNATE Ibrahima*
Ce livre est une succession de séquences qui décrivent un itinéraire personnel, campent des personnalités remarquables, jettent un éclairage original sur des événements, dévoilent certains aspects de la "comédie du pouvoir". De Bokassa à Mandela, en passant par Julius Nyéréré, Kenneth Kaunda, Khadafi, Abdou Diouf, Alpha Oumar Konaré, Tombalbaye, Lissouba, Eyadéma, Abdoulaye Wade, l'auteur dit sans détour, ce qu'il sait de ces hommes qui ont marqué l'histoire de l'Afrique contemporaine. C'est l'Afrique de l'ombre et de la lumière, forcément contrastée.
*(20 €, 232 p)* *ISBN 2-7475-5966-1*

**AFRIQUE FRANCOPHONE ET DÉVELOPPEMENT DU SPORT DU MYTHE À LA RÉALITÉ ?**

*Sous la direction de Patrick BOUCHET et Mohammed KAACH*

Maintenant que le sport moderne, introduit par la colonisation, fait partie de la vie des citoyens de l'Afrique francophone, peut-il contribuer au développement économique et social de ces pays ou demeure-t-il un mythe ? Il est aujourd'hui difficile de répondre entre la volonté de certains dirigeants de ces nations de développer le sport selon les valeurs occidentales, d'élus politiques qui désirent concilier valeurs traditionnelles de l'Afrique avec une gestion moderne du sport, et certains régimes "islamistes" qui refusent les modèles issus de l'idéologie libérale. Cette recherche s'articule autour de 3 thèmes : les politiques nationales, le tourisme et le loisir sportif, les spectacles sportifs et le professionnalisme.

*(30,50 €, 354 p)* *ISBN 2-7475-6257-3*

**L'AFRIQUE ORIENTALE. Annuaire 2003**

*Sous la direction de Hervé MAUPEU*

Les pays de l'afrique orientale (Kenya, Ouganda, Tanzanie) gardent leurs airs d'élèves appliqués de la "bonne gouvernance". Cet annuaire présente les contours des débats politiques et sociaux qui ont marqué la vie publique de ces trois pays en 2003. Havre, de stabilité, ces trois pays n'en sont pas moins intégrés aux structures régionales de conflits dont elles sont des parties prenantes décisives. Un dossier sur les relations internationales fait le bilan de l'action diplomatique du président Moi, présente un rare historique des relations éthio-kenyanes et analyse le processus de résolution du conflit somalien.

*(33,54 €, 410 p)* *ISBN 2-7475-5691-3*

**ALLIANCES PEULES EN PAYS SAMO (Burkina Faso)**

*BARRY Aboubacar*

Les Peuls du pays samo avaient su négocier, en s'y établissant, des alliances sociales et politiques, qui leur avaient permis d'obtenir une place à la lisière des villages et de la brousse. Bien qu'étant minoritaires dans cet espace, ils ont réussi à maintenir leur "différence. La mise en perspective de leurs pratiques et représentations constitue une contribution aux réflexions récurrentes sur "l'ethnicité peule" et sur les effets des transformations sociales et politiques actuelles sur leur identité.

*(Coll. Etudes africaines, 12,20 €, 126 p)* *ISBN 2-7475-6012-0*

**L'APR ET LES RÉFUGIÉS RWANDAIS AU ZAÏRE 1996-1997**
**Un génocide nié**

*MUSABYIMANA Gaspard. Préface de Helmut STRIZEK*

En 1996-97 tous les camps des réfugiés hutu rwandais, situés au Sud et au Nord-Kivu, furent bombardés puis démantelés par l'armée tutsi. Les rescapés furent traqués dans les forêts inhabitées de la RDC pour y être achevés, le nombre de disparus s'élevant à 200 000. Le Haut Commissariat pour les réfugiés ainsi qu'une partie de la "communauté internationale" ont une grande part de responsabilité dans ces assassinats de masse vraisemblablement ordonnés par Kigali. Qualifiés ou non de Génocide, les massacres des réfugiés rwandais au Zaïre constituent un crime contre l'humanité.

*(19 €, 226 p)* *ISBN 2-7475-5690-5*

**AU PLUS PRÈS DE BRAZZA**
*ODIKA Michel*
Récit relevant de l'autobiographie, Au plus près de Brazza met en scène un personnage dont les vacances au pays natal seront perturbées par une guerre civile. Pour être meurtrière, cette guerre civile n'en est pas moins libératrice. Au-delà du simple réquisitoire dressé contre la guerre, et la violence qui s'y rattache, l'auteur explore les causes, profondes et insoupçonnées, à l'origine de l'égarement du Congo dans la surenchère meurtrière. Il convie les Africains, dont l'histoire contemporaine s'apparente à celle des Congolais, à se réapproprier leur passé récent.
*(12 €, 138 p)* *ISBN 2-7475-5697-2*

**AUX SOURCES DU FLEUVE CONGO**
**Carnets du Katanga (1890-1893)**
*BRIART Paul, édité par Dominique RYELANDT*
A la fin du XIXè siècle, Paul Briart voyagea jusqu'aux sources du Lualaba (le fleuve Congo à sa naissance) comme médecin d'une expédition belge, dont le but trompetté était "d'apporter la civilisation aux nègres" tout en les débarrassant des traiteurs "arabes" ou plutôt arabisés. Conquête et exploitation coloniale supposent le mépris du colonisé. Les carnets de Briart sont représentatifs de ce mépris général. Témoin neutre, il considère l'esclavage comme une fatalité, les pacifications comme nécessaires.
*(Coll. Congo-Zaïre - Histoire et Société, 30 €, 370 p)* *ISBN 2-7475-4861-9*

**LE CONGO-BRAZZAVILLE DE L'ÉTAT POSTCOLONIAL À L'ÉTAT MULTINATIONAL**
*GOUEMO Régis*
Le passage de l'Etat post-colonial à l'Etat multinational constitue la seule alternative à la construction de l'Etat et de la nation, inexistante à l'heure actuelle en Afrique au Sud du Sahara. L'exemple du Congo-Brazzaville montre que l'Etat multinational est fondé sur une nouvelle rationalité : l'intégration de tous les facteurs juridiques et politiques négateurs de l'Etat-nation. La problématique novatrice de l'Etat multinational, qui réconcilie les nations jadis désétatisées, dans des Etats- a-nationaux en fait la construction que l'Afrique se doit d'expérimenter durant le 21è siècle.
*(Coll. Etudes Africaines, 22,50 €, 268 p)* *ISBN 2-7475-5968-8*

**LA DÉMOCRATIE ET SES BLOCAGES AU CONGO-KINSHASA DE 1958 À NOS JOURS**
*TSHIMANGA BAKADIABABU Evariste*
Le système démocratique est devenu une exigence et une valeur universelles car il est censé favoriser la stabilité politique, la paix civile durable, le développement économique d'un pays et la garantie de sa "bonne gouvernance". De ce point de vue, cet ouvrage analyse la situation du Congo-Kinshasa depuis les dernières années de sa période coloniale à aujourd'hui. L'auteur s'est efforcé d'identifier les facteurs considérés comme des blocages successifs à l'avènement d'une société congolaise démocratique.
*(Coll. Points de vue concrets, 22 €, 270 p)* *ISBN 2-7475-5688-3*

**E CAMEROUN**

**rts, histoire et traditions**

*UEPI Bernard, NJOMGANG Henri*

Le Cameroun tel qu'il est" : ce livre met à nu la nature réelle de ce pays de l'Afrique entrale. Il vient combler le déficit en matière d'informations abondantes et fiables sur es trésors touristiques et artistiques dont regorge le pays et sur sa richesse culturelle ; es potentialités économiques ne sont pas en reste. L'ouvrage inscrit le lecteur à l'école e nos traditions, aux cours d'histoire, de géographie, d'économie, d'ethnographie, 'ethnologie, d'anthropologie, etc.

*21,50 €, 200 p)* *ISBN 2-7475-5602-6*

**CAMEROUN : ART ET ARCHITECTURE**

**uivi de l'art de la sculpture**

*MOUSSIMA NJANJO Henri*

Sans doute le public actuel connaît-il avant tout l'art du Cameroun, des Bamoun, Bamiléké, Mousgoun, Matakam et des autres peuplades africaines par l'impact qu'ils ont eu sur la culture moderne et les traductions qu'en ont données Picasso, Braque ou Modigliani. Ces arts dits "primitifs" se confondent pourtant sur un ensemble de présupposés, de contextes culturels, sur des histoires, des visions du monde absolument autres. Cet ouvrage ouvre un chapitre d'histoire de l'art et de l'architecture.

*(Coll. Pages Africaines, 9.50 €, 60 p)* *ISBN 2-7475-5359-0*

**CITADINS ET DÉVELOPPEMENT DES CAMPAGNES AU CAMEROUN**

*FODOUOP Kengne. Préface de Pierre VENNETIER*

Au Cameroun, les citadins jouent un rôle important dans le développement des campagnes. Depuis le début de la crise économique en cours, ils y représentent un puissant facteur de mutation de l'agriculture et d'amélioration des conditions de vie. L'ouvrage aborde cette question à la lumière des recherches bibliographiques et d'une longue pratique de terrain. Lancées au début des années 1950, les initiatives des citadins en faveur du monde rural au Cameroun ne cessent de s'étendre, sous forme d'aide en espèces, en nature, de commerces, de routes, de formations scolaires et sanitaires...

*(Coll. Etudes Africaines, 20,50 €, 230 p)* *ISBN 2-7475-4903-8*

**LA DIVERSITÉ DU FRANÇAIS ET L'ENSEIGNEMENT DE LA LANGUE EN AFRIQUE**

*KWOFIE Emmanuel N.*

Cet ouvrage s'inscrit dans le cadre des études sur le français en francophonie, mais sans se limiter aux pays francophones. Grâce à des notices décrivant pays par pays, à partir d'exemples significatifs, quelques particularités du français en Afrique, il présente une réflexion sur les grands thèmes du contact entre le français et les langues autochtones: les rapports entre "le français d'Afrique " et la langue française, la notion controversée de "français d'Afrique", l'opportunité d'adopter ce français d'Afrique, les méthodes d'enseignement à adopter ainsi que les matériels pédagogiques à élaborer.

*(Coll. Etudes Africaines, 16 €, 180 p)* *ISBN 2-7475-6473-8*